Sua Majestade,
O INTÉRPRETE

Sua Majestade,
O INTÉRPRETE

O Fascinante Mundo
da Tradução Simultânea

Ewandro Magalhães

MAGELLANIC

Sua Majestade, o Intérprete – O Fascinante Mundo da Tradução Simultânea

ISBN 9798664011388

Editado por Magellanic Press
Nova York, EUA

info@magellanic.press
www.magellanic.press

Quando, pois, se fez ouvir aquela voz, afluiu a multidão, que se possuiu de perplexidade, porquanto cada um os ouvia falar na sua própria língua.

Atos 2, 6

SUMÁRIO

RECONHECIMENTO

A primeira edição deste livro foi lançada em maio de 2007, pela editora Parábola Editorial. Uma segunda reimpressão veio ao mercado em 2010.

Minha gratidão a Marcos Marcionilo por ter apresentado ao Brasil a obra e o autor.

A presente edição é uma versão revista e ampliada da obra original.

Para meu pai, que me inspirou o amor às línguas
e me apontou a porta.

Para Cristovam Buarque,
que sem saber a abriu.

Treze Anos Depois

UMA DAS GRANDES ALEGRIAS que experimentei na vida foi receber a última prova do miolo e das capas da edição original de *Sua Majestade, o Intérprete*. Eu estava em Moçambique, a trabalho, quando entrou o email de Marcos Marcionilo, da Parábola Editorial. Então meu livro seria publicado por uma grande editora!

Lembro-me de fitar longamente o Oceano Índico pela janela em grata contemplação, antes de sair em disparada pelo quarto de hotel, num surto quase incontrolável de felicidade. Isso foi em março de 2007. Dois meses mais tarde, o livro chegava às livrarias. Nos treze anos desde então, muita coisa aconteceu. Com a obra, o autor e o mercado.

O livro apresentou ao público leitor de língua portuguesa o mundo até então desconhecido da 'tradução simultânea'. Lançou luz sobre a cabine de interpretação e permitiu ver o que acontece por trás do vidro. Revelou técnicas e alguns segredos, definiu conceitos e reintroduziu o ofício por seu nome correto: 'interpretação simultânea'. Paralelamente, abriu as portas a toda uma geração de tradutores e aspirantes a intérpretes, encorajando-os a dar os primeiros passos em um novo universo de atuação. Aos poucos foi-se estabelecendo como referência e passou a integrar a bibliografia de cursos universitários. Também serviu de base a dezenas de trabalhos de conclusão de curso e dissertações de mestrado. Chegou a ser mencionado, com destaque, em um concurso público de âmbito nacional para seleção de tradutores do Senado Federal.

Minha carreira também tomou rumos inusitados desde a publicação de *Sua Majestade*. Pouco depois do lançamento fui aceito pelo Instituto Monterey para um Mestrado em Interpretação de Conferências, o que me levou a transferir-me com a família para a Califórnia. A ideia era voltar ao Brasil com o diploma na mão. Mas ao fim do curso, fui convidado a fazer novos testes junto ao Departamento de Estado americano e acabei me mudando para Washington, D.C.

Nos três anos em que estive na capital americana minha carreira deslanchou de vez. Passei a interpretar nas grandes cúpulas internacionais e fui recebido de braços abertos por todos os organismos multilaterais sediados na cidade. Viajei diversas vezes à África e às Américas, expandi meu círculo de amizades a partir e além de meus colegas de curso e de profissão.

A dada altura, resolvi buscar uma colocação permanente e com pouco realizei outro grande sonho: trabalhar na ONU. Fui nomeado Chefe-Intérprete da União Internacional de Telecomunicações, a mais antiga agência especializada das Nações Unidas. E parti em 2010, de mala e cuia para Genebra, onde de imediato me pus a preparar a fase final da maior conferência da organização, que aconteceria duas semanas depois em Guadalajara, no México.

Os sete anos que passei em Genebra foram um divisor de águas. Fui de provedor a recrutador e passei a influenciar, junto a meus pares em organizações análogas, os rumos do mercado, as condições de trabalho de intérpretes autônomos na ONU e o uso da tecnologia para transpor barreiras geográficas e linguísticas. Penetrei em círculos exclusivos que nem sabia existirem. Visitei dezenas de países, em quatro continentes, e acumulei mais de dois mil dias na gestão de intérpretes. No pouco tempo livre que me sobrava, eu continuava escrevendo e palestrando. Também encontrei tempo para lançar, em 2015, em parceria com a TED, um vídeo animado sobre interpretação que alcançou mais de um milhão de visualizações.

Paralelamente, o mercado da interpretação passava por câmbios cataclísmicos. Aliadas a uma crise financeira mais ou menos generalizada, essas mudanças, inicialmente lentas, resultaram em uma alteração profunda dos padrões de consumo das organizações e do mercado privado. Os organismos internacionais, na maioria mantidos por contribuições espontâneas de países membros, viram-se diante de aporte cada vez menor. Com isso, reduziram seu quadro, limitaram viagens profissionais e adotaram a austeridade como palavra-chave. E como sempre acontece em momentos assim, recorreram à tecnologia em busca de mais eficiência e mais economia.

Não tardou para que essa revolução chegasse às conferências, inicialmente sob a forma de consulta e logo em um mandato bem definido visando à adoção de 'métodos eletrônicos' que pudessem gerar economia, menos viagens, menos impacto ambiental, mais inclusão.

O objetivo era claro: permitir que um delegado que não pôde estar presente a uma reunião em Genebra pudesse participar a distância, na língua de sua preferência. Nascia assim o conceito de participação remota multilíngue e com ele dois desafios enormes: 1) viabilizar uma tecnologia ainda incipiente e pouco confiável para a transmissão de áudio e vídeo a distância com qualidade suficiente para garantir interpretação; e 2) lidar com a resistência natural dos intérpretes ao novo sistema e conseguir adesão.

Nos dois anos seguintes, pude testemunhar em primeira

mão o desenvolvimento dessa nova tecnologia. Inicialmente a partir de um complexo sistema de pontes entre diversas linhas telefônicas em que a qualidade, embora suficiente para um ouvinte passivo, geralmente ficava aquém da clareza de áudio requerida para fins de interpretação. Coube a mim parte da tarefa de criar a ponte entre a tecnologia e os intérpretes, definindo, testando e por fim implementando uma série de procedimentos e diretrizes destinados a garantir padrões mínimos de qualidade e a proteger a reputação dos colegas.

Dessa semente vários outros sistemas foram desenvolvidos. Com o avanço da tecnologia de comunicação sem-fio e a maior disponibilidade de banda larga, foi possível abandonar a dependência de linhas telefônicas em favor de sistemas de transmissão de áudio e vídeo pela Internet. Isso significou mais estabilidade, maior pureza de som e imagem, maior popularidade entre potenciais clientes e, por que não dizer, menor resistência entre intérpretes.

Em dezembro de 2016, decidi deixar o sistema das Nações Unidas, apesar de já ter um contrato permanente e a promessa de uma generosa pensão. Aceitei o desafio de ajudar a promover e desenvolver o nascente ramo da interpretação remota em escala global. Voltei aos Estados Unidos e abandonei minha zona de conforto mais uma vez. E desde então tenho me dedicado à criação de uma plataforma de comunicação multilíngue com interpretação simultânea em tempo real e com base na nuvem.

O universo das línguas e da interpretação continua no centro de minha atuação profissional, mas a cabine ficou pequena. Mudou o mundo. Mudaram as necessidades. Mudei eu.

A interpretação também mudou, e agora já é possível a um intérprete atuar a distância, com áudio e vídeo de alta qualidade, e em equipes multilíngues que abrangem vários colegas, em vários países. Os delegados, assim como os interpretes, podem estar em qualquer lugar do mundo, o mesmo acontecendo com espectadores e participantes. Morreram a distância e a barreira linguística.

Tudo se renova, e o que vem por aí é ainda mais estimulante, com a promessa do uso de inteligência artificial para auxílio terminológico instantâneo, o fim da impressão de papéis, tradução automatizada instantânea e tanta coisa que aos poucos vai se materializando por meio de aprendizagem profunda, singularidade tecnológica e convergência digital. O que hoje parece impossível será, para as gerações vindouras, um padrão que de tão óbvio as levará a questionar a sabedoria de quem veio antes.

Mas é no passado que se apoia a alavanca que nos projeta ao futuro. Para enxergar e chegar mais longe devemos nos erguer, como disse Isaac Newton, sobre ombros de gigantes. Assim fizemos nós e assim será com os muitos intérpretes e aspirantes a intérpretes que chegam hoje ao mercado. Este livro pretende oferecer um ponto de apoio para a subida de quem vier depois.

Por uma década, *Sua Majestade* cumpriu a promessa de apresentar ofício da interpretação e de inspirar novos talentos. Abriu as portas a toda uma geração. Mas depois de mais de uma década, seu reinado parecia ter chegado ao fim, com poucas chances de que viesse a ser republicado. Mas aí, quando eu menos esperava — *plim!* Pintou na minha caixa de entrada outro email propondo uma edição impressa, revista e ampliada, com direito a versão eletrônica em formato Kindle.

Como em 2007, parei por um segundo para contemplar a sincronicidade que culminaria na cópia que você tem agora em suas mãos. Pela janela dessa vez não vi a praia. Mas a alegria foi em tudo comparável àquela que experimentei muitos anos antes, com direito a corridinha pelo quarto e tudo.

A você, amigo leitor e futuro colega, espero que a leitura proporcione alegria equivalente além de motivação para começar e seguir. Por pelo menos treze anos mais.

Sua Majestade, o Escritor

Cristovam Buarque

ESTE É UM LIVRO de aventura, de humor, de autoajuda, de orientação técnica, de história, de filosofia e muito bem escrito.

De aventura, porque descreve as emoções de um profissional empurrado ao enfrentamento de desafios. Inicialmente, de repente, por acaso, jogado para ser intérprete do diálogo entre o Príncipe Consorte da Inglaterra e um Presidente da Câmara dos Deputados em Brasília, sem que jamais tivesse pensado em ser intérprete. Foi como alguém jogado para enfrentar leões: das galerias para a arena, de assistente a gladiador. A partir daí pegando o gosto, treinando e enfrentando a cada dia o terrível desafio de ser intérprete: ouvir uma fala em um idioma e soltá-la simultaneamente em outro, como se entre ouvir e falar ocorresse uma mágica.

Sempre achei que a tradução simultânea era uma atividade mágica, como a atividade de repentista. Este livro confirma essa impressão. Mas com um desafio muito maior. O erro na versão, instantânea, de um léxico a outro feita pelo intérprete pode transformar aplauso em vaia, certeza em incerteza, paz em guerra, para os que falam e seus povos.

Daí a aventura da vida dentro de uma cabine de tradução simultânea, como dentro da cabine de pilotagem de um avião, ou em um salto de paraquedas, como o autor apresenta.

É um livro de autoajuda, porque dá excelentes conselhos aos novos intérpretes de como vencer o medo, com sugestões simples que eu próprio passei a usar para vencer meu pavor diante das entrevistas ao vivo pela televisão.

É de humor porque rara página não tem uma lembrança, um conto, uma metáfora divertida, como aquela do escoteiro disciplinado que ao aprender que deve ajudar as velhinhas a atravessarem a rua passa a arrastar qualquer uma que encontre parada em uma calçada, sem perguntar se ela quer ou não atravessar.

Para o candidato a intérprete, é um LIVRO TÉCNICO que passa boas sugestões para enfrentar a nova profissão.

É um livro de história, porque nele aprendi que um ofício tão nobre e sofisticado nasceu durante o julgamento das maldades dos nazistas, na tradução dos depoimentos deles em Nuremberg. É ainda mais surpreendente a informação de que a primeira tradução simultânea feita no mundo foi de um discurso de Hitler.

É um livro de filosofia, sobre os limites da compreensão humana por meio da palavra e sobre a impossibilidade da plena compreensão entre dois idiomas.

Finalmente, mais importante, é um belo livro do ponto de vista literário, extremamente agradável de ler pelo desenrolar solto aliado às sucessivas ilações e comparações.

Com este *Sua Majestade, o Intérprete*, Ewandro Magalhães, fez o que deve fazer um bom escritor: escolheu um tema e tratou-o com estilo, brincando, enlaçando as ideias como um bordado cheio de lembranças. Ele escolheu a si próprio como tema e à sua profissão, e com isso conseguiu ser "Sua Majestade, o Escritor".

Sem medo de errar: você vai gostar de ler.

"Obrigado!"

ESSA É A PRIMEIRA e a última coisa que dizem os intérpretes na cabine. É o que dizem os conferencistas ao abrirem e fecharem suas apresentações. Se alguma coisa aprendi como intérprete foi isto: a gratidão deve preceder e suceder todos os nossos atos.

Este livro é resultado de observação, reflexão e pesquisa. É, ainda mais, resultado de interações e experiências profundamente humanas. Sou grato a todos os palestrantes, clientes e colegas intérpretes com quem tenho cruzado dentro e fora da cabine. Sigo aprendendo com cada um de vocês.

Nesta edição revista e ampliada, quero reiterar agradecimentos a todos aqueles que citei nominalmente na versão original. Sem eles, minha carreira de intérprete provavelmente não teria decolado. Ajudaram-me a reunir condições e coragem para começar. Deram-me as primeiras oportunidades e correram riscos por mim.

Ao longo dos últimos treze anos, continuei contando com o apoio generoso de inúmeros outros colegas e amigos, cuja importância transcende o espaço de que disponho para estes agradecimentos. São eles, em ordem alfabética: Barry Slaughter Olsen, Brian Ross, Esperanza Pombo, Estela Zaffaroni, Javier Larravide, Jeff Wood, Katherine Allen, Marcos Celesia, Óscar Curros, Otto Mendonça, Patsy Arizu, Siarhei Kaliada e Susana Eri. Além destes, há pelo menos três outros colegas a quem me sinto obrigado a agradecer. Já não estão entre nós, mas a lembrança de sua generosidade e sua amizade cruza minha mente e meu coração quase cotidianamente. Falo de Alex Schiavo, Lauro de Barros e Patrícia Cepeda. Cada um abriu uma porta que me permitiu ir muito além do que eu julgava possível, concreta e figurativamente.

Meu apreço se estende, ainda, às centenas de colegas que tive o privilégio de supervisionar, como chefe-intérprete da União Internacional de Telecomunicações (UIT) e ainda aos muitos bons amigos que fiz no âmbito das Nações Unidas, nos sete anos em que vivi em Genebra, entre 2010 e 2017. Um agradecimento todo especial a Idrissa Samaké, pela oportunidade que me deu e pela cega confiança em meu trabalho.

E como fiz da outra vez, não posso deixar de agradecer aqui a todos os participantes de minhas oficinas profissionalizantes e cursos que eu teimosamente continuo oferecendo a intérpretes no mundo inteiro. A eles, e a quem concluir esta leitura, espero também ter aberto algumas portas.

A mais amorosa gratidão a minha mulher, Wilmenia, grande incentivadora do projeto original e de tantos outros, e que leu cada linha desta versão revisada e a tornou melhor com seu olhar amoroso e suas muitas sugestões. Esse livro é tanto meu quanto dela, que acompanhou todos os passos que eu dei em minha trajetória como intérprete e escritor. Tenho com ela, com nossos filhos Raiana, Beatrice e Daniel — e agora também com nosso netinho Lou —, uma dívida ainda em aberto: a promessa de um outro livro, que fale só de amor. Não me esqueci, Mena.

A cada uma dessas pessoas, e a muitas outras que deixei de citar nominalmente, o meu "muito obrigado", seguido de um suspiro fundo de felicidade na conclusão de mais um importante evento.

A Porta se Abre

VISTA DE LONGE, a interpretação simultânea parece mágica. Vista de perto, parece loucura. O intérprete tem que ouvir e falar ao mesmo tempo, repetindo em outra língua palavras e ideias que não são suas, sem perder de vista o conteúdo, a intenção, o sentido, o ritmo e o tom da mensagem transmitida por seu intermédio. Não tem qualquer controle sobre a complexidade, a velocidade, a clareza ou a lógica do apresentador. Precisa atentar para a concatenação de seu próprio discurso, lembrando-se do ponto exato em que largou cada frase, para fechar com correção um parêntese aberto pelo palestrante em forma verbal subjuntiva. Precisa tomar decisões instantâneas, ininterruptamente. Precisa administrar uma comunicação silenciosa com um colega de cabine, trocando olhares e anotações, fazendo consultas a documentos e dicionários, retardando a tradução de alguns trechos até que o entendimento esteja completo. Como não bastasse, está a metros de distância do apresentador, impossibilitado de qualquer interrupção para esclarecimentos. Dá mesmo pra duvidar que seja possível. E, no entanto, é.

Nas páginas que se seguem, pretendo mostrar um pouco do que acontece por trás do vidro, dentro da cabine e nos bastidores do mundo dos intérpretes. Comento os requisitos, os desafios, as táticas e os limitadores técnicos e emocionais da interpretação. Mas não espere um manual. O que ofereço é antes de tudo o depoimento de alguém que aceitou o desafio e se aventurou pelos caminhos da interpretação.

Procurei pontuar de experiências pessoais a apresentação dos temas mais importantes, numa prosa entremeada de casos ilustrativos. Este, contudo, não será um livro de memórias. Primeiro porque seria precoce. Quando da primeira edição deste livro, em 2007, eu contava pouco mais de 1.000 dias de trabalho como intérprete. Com 15 anos de estrada, eu era ainda um adolescente na interpretação, onde a idade e o tempo costumam trabalhar a favor. De lá para cá, agreguei outros doze anos em cabine ou na gestão de equipes. Ao mesmo tempo aprendi que os intérpretes não devem guardar memórias. Na interpretação, por dever de ofício, aprendemos a falar e a calar; a lembrar e a esquecer.

Quis prestar um tributo à beleza e às virtudes da comunicação. Quis falar da satisfação que se obtém no desempenho de um ofício tão exigente e estimulante. Ao mesmo tempo, vi-me forçado ao registro de ocorrências menos nobres, de vaidade e intolerância, em um mundo de luz e sombra, que é charmoso, mas que também pode tornar-se vil.

Tentei, até onde pude, organizar tudo em ordem lógica e crescente, um assunto levando a outro. Mas esbarrei na pouca linearidade de relações e conceitos na interpretação simultânea. Descobri que tampouco é linear a minha forma de pensar o ofício. Na escrita deste livro, por algum motivo, o hemisfério cerebral que se diz intuitivo, criativo, irrequieto e indisciplinado tomou as rédeas já nas primeiras curvas e saiu arrastando cocheiro e carga por inúmeros e fascinantes desvios. Assim tem sido, também, em minha vida profissional.

Se você um dia acalentou o sonho de se tornar intérprete, irá identificar-se com o relato das dificuldades que eu e tantos outros tivemos para romper a barreira dos mitos e penetrar no mundo por vezes inacessível da interpretação.

Sua curiosidade talvez assuma a forma de muitas perguntas silenciosas:

— Será que basta falar bem duas línguas?
— Será que é tudo questão de técnica?
— Será que eu também conseguiria?
— E se me der um branco?
— E se de repente faltar uma palavra?
— E se eu entender tudo errado?

A essas e outras perguntas procuro responder aqui, mas sei por experiência própria que nada substitui a própria experiência, seja real ou imaginária. É a oportunidade dessa experiência que busco criar com este livro.

A PORTA DA CABINE foi aberta. Entre, sente-se, ponha-se à vontade. Coloque os fones. Contemple os gestos. Ouça as vozes. Seja você o intérprete. Imaginar também vale. Você certamente passará a enxergar a comunicação e seus atores sob uma luz diferente. E talvez se surpreenda ao ver refletido no vidro um vulto familiar e ao ouvir, em meio a tantas outras, a sua própria e inconfundível voz.

Antes Que me Crucifiquem

NO SUBTÍTULO e em alguns pontos do livro, uso o termo 'tradução' para referir-me a 'interpretação'. Eu mais do que ninguém deveria saber a diferença entre as duas coisas. E sei. Conheço também os riscos a que me sujeito. Entre intérpretes, chamar um colega de tradutor é quase uma ofensa. De fato, a denominação correta é 'interpretação simultânea' e mais acertado seria dizer sempre intérprete, e não tradutor. Mas já que um dos meus propósitos é desmistificar o universo da interpretação, achei que esse era um bom ponto por onde começar.

Na verdade, traduzir e interpretar são verbos e ações que se interpenetram. Uma coisa não existe sem a outra. A distinção terminológica cumpre apenas um fim didático e tende a ser mais valorizada pelos intérpretes que pelo público em geral. As pessoas que assistem ao trabalho de interpretação e o aplaudem não ligam pra isso. Com frequência, referem-se ao que fazemos como 'tradução simultânea'. Portanto, a escolha entre uma ou outra forma depende, em parte, de com quem estejamos falando. Não vejo pecado em usarmos as duas, pelo menos por enquanto. Fique à vontade para usar a forma que preferir. Deixe a seriedade, e as cobranças, para os intérpretes, ou para quando você finalmente for intérprete. Aí você muda o discurso. Faz parte do ritual iniciático.

O Que Restou da Amazônia

BRASÍLIA. Câmara dos Deputados. Tarde de terça-feira, 17 de março de 1992. Visita de Sua Alteza Real, o Príncipe Philip, Duque de Edimburgo. Trinta minutos antes de a comitiva chegar, a ficha cai:

— homem fala inglês. O Presidente da Casa não fala. Cadê o tradutor?

— Que tradutor?

— O tradutor, ué. O intérprete.

— Não tem.

— Como não tem?

— Não tem, ué, nunca teve.

— E agora? Estamos por 30 minutos.

Um funcionário coça a cabeça e estanca o olhar oblíquo em um esforço de memória:

— Bom... chama o Ewandro. O cara não fala inglês?

— É, mas não é intérprete.

— Mas de repente ele se vira.

— Se vira como?

— Se virando, ué. É o jeito.

Pouco mais tarde, no 15° andar:

— Ewandro, ...é o jeito.

— Que jeito?

— O único jeito. Vai lá e manda ver. Você não fala inglês?

— Falo, mas não *faaaalo*! Quer dizer. Falo, mas nunca fiz. Quer dizer, já fiz, mas nunca *fiiiiz*! Não dá não.

Vinte minutos depois, lá estou eu no gabinete da Presidência, sentindo a manopla de meu chefe em torno do meu cotovelo pra evitar que eu fuja.

— Vai ser moleza. Fica tranquilo.

Eu ouvia e ficava cada vez mais intranquilo. Garganta seca, mão gelada, olhar bovino.

Passos e alvoroço no corredor. A comitiva real entra e lota a sala. Junto entram cinegrafistas e jornalistas, além dos muitos monarquistas de plantão. Vem o duque saudar o presidente e pelo jeito traz seu próprio intérprete. Ameaço um passo atrás para abrir caminho a um profissional, mas meu chefe me guinda por sobre dois fotógrafos e me larga sentado ao lado de Sua Alteza. Sujou!

Meses antes, eu tinha passado em um concurso e ido parar na pior seção da Câmara: o Centro de Documentação e Informação. Não que o lugar fosse ruim. Ao contrário. Quem não gosta de biblioteca? Muitos títulos, obras raras, periódicos históricos, silêncio e recolhimento. A única desgraça era o chefe, um sujeito limitado e castrador. Um órgão público de dimensões asiáticas e eu tinha que cair logo na Sibéria!

Com pouco tempo, a bola de chumbo começou a machucar o tornozelo e eu passei a espernear (com a perna que sobrou, pelo menos). Corcoveava que só. Ia atrás de deputados, arrumava peixadas, pedidos de transferência, mas o homem negava tudo, sumariamente. Aí vinham desculpas médicas, intolerância a ar condicionado, alergia a poeira de livro, claustrofobia. Mas o chefe não queria nem saber.

Pra dar o troco, eu pouco trabalhava. Assinava o ponto,

fazia uma revisão de 15 minutos e saía pra ir ao banco ou ao serviço médico. Isso era sagrado, todo dia. Na verdade, eu ia mesmo era atrás de um plano de fuga. Cruzava os corredores sobraçando meu currículo profissional, todo encadernado em plástico e cheio de diplomas bonitos, atestando proficiência em inglês, alemão, italiano, um curso superior, uma pós-graduação. Andava de porta em porta, dizendo-me desperdiçado, subaproveitado, injustiçado, vítima.

Era não em cima de não.

— Passa mais tarde.
— Quando mudar a chefia, quem sabe?
— Procure o Departamento de Pessoal.

Até que um dia ouvi um conselho que me irritou de verdade:

— Meu filho, se eu fosse você escondia esse currículo. Esta é uma casa política, e o critério nem sempre é competência. Não assuste os outros com sua pouca idade e suas habilitações. A vítima pode ser você.

Meses depois, na solidão de uma sala repleta de congressistas e repórteres, aquelas palavras começavam a fazer sentido. Na quina da longa mesa, afundado numa cadeirinha propositadamente mais baixa, espremido entre o Presidente e o Duque, eu finalmente me toquei: quem mandou dizer que falava inglês?

Mas eu sempre me virava e tinha certeza de que ali não seria diferente. Até da masmorra de livros, o Alcatraz da Câmara, eu tinha conseguido escapar. Não tinha sido fácil. Nada ali era fácil. A rota de fuga tinha me levado à

Alemanha, para uma bolsa de mestrado, e a um exílio mais ou menos forçado, antes de voltar para reassumir meu cargo, rezando pra cair em um lugar menos pior. Falar em algo bom era pedir demais. Para alguém formado em Educação Física, a ideia de trabalhar de terno e gravata já enforca qualquer sonho. Minha experiência anterior era de professor de natação. Meus trajes profissionais eram sunga, chinelo e camiseta. Mas ali, era passeio completo: paletó, camisa social e gravata. E alguém se veste assim pra passear?

Minha nova lotação acabou sendo bem menos ruim do que eu imaginava. Mais uma vez, o currículo de fato atrapalhou um bocado. Dei sorte de encontrar alguns amigos no lugar e na hora certos. O melhor era trabalhar entre jornalistas, que têm a virtude de odiar terno e gravata tanto ou mais que eu.

Começa a reunião. Saudações de ambas as partes:

— *It's a pleasure to welcome Your Royal Highness at the Brazilian Parliament*[1].

E o príncipe rebatia:

— Eu é que agradeço a disposição de Vossa Excelência em nos dedicar um pouco de sua atenção.

Até que não ia ser assim tão difícil. O mergulho estava dado e com um pouco de sorte eu ia nadar de braçada.

Mas quando eu ia relaxando, o vocabulário complicava (tramitação, destaque de votação, bancada, direito a

---

[1] "É um prazer receber Vossa Alteza Real no Parlamento Brasileiro".

contraditório, ementa, sessão deliberativa), e eu travava. Comecei a engolir água, mas ainda não dava pra afogar. Os holofotes da imprensa esquentavam as minhas orelhas e,

sob o terno, eu sentia o suor escorrer, o coração a 140 por minuto.

A conversa seguia mais ou menos descontraída, e o papo logo entrou na fase das piadas. O convidado dizia uma gracinha, o presidente oferecia outra, um monarquista arrematava desfeito em mesuras. Vamos indo bem. Dez metros mais e me safo. Já dá pra ver a parede do outro lado da piscina.

Ultrapassadas as piadas, entramos na sessão presentes. Broche pra lá, placa pra cá, retratos, apertos de mão. Três braçadas mais e pronto. O presidente, então, puxa de uma sacola um livro sobre a Amazônia:

— *Please accept this souvenir, Your Royal Highness. It's a book on the riches of our Amazon Forest*[2].

Tradução impecável, uma puxada de ar perfeita entre as duas braçadas finais. Estava orgulhoso de mim mesmo a um metro da chegada. Foi quando o príncipe emendou, com o nefasto humor que já o meteu em muita saia justa:

— *Oh, the rain forest... well, you mean, what was left of it, right?*[3]

---

[2] "Aceite por favor este suvenir, Alteza. É um livro sobre as riquezas de nossa floresta amazônica".

[3] "Ah, a floresta tropical... quer dizer, o que sobrou dela, né?"

Travei de vez! Engoli um galão de água. Os olhos de boi ameaçaram saltar das órbitas e juro que senti vontade de emendar um longo mugido, na falta de coisa melhor.

Procurei o fundo, mas não dava pé. Fui afundando até por fim achar o piso. Com um vigoroso empurrão voltei à tona e, no pouco tempo que tive, mandei um singelo

— Obrigado, Excelência

e deixei a frase original em inglês, sem tradução, torcendo pra ninguém ter entendido.

As cadeiras se arrastam, os holofotes se apagam, minhas orelhas esfriam. Mais apertos de mão, e a comitiva escoa de volta à chapelaria.

— Vai com Deus!

O nadador moribundo escora-se na raia. Safei-me.

Será?!

A Árvore com Raiz pra Cima

NO DIA SEGUINTE à reunião com Sua Alteza, fui cumprimentado pelo Secretário-Geral da Mesa por um detalhe que deixei de contar.

Em pé atrás de mim, um intérprete trazido pelo príncipe havia interrompido a conversa por duas vezes com alternativas ao que eu dissera. Só que para sua infelicidade o equívoco de entendimento tinha sido dele. E nas duas oportunidades eu o corrigi. Além de desfazer o engano, fui marcando o território. Um território que nem sabia ainda se seria meu, mas pelo sim e pelo não, já fui urinando nos cantos. Para minha surpresa, o presidente se sentiu protegido e viu no gesto, de pura autodefesa, um comportamento seguro e determinado. Sorte a minha.

Virei intérprete da Presidência da Câmara dos Deputados. Naquela época, o país era governado pelo vice-presidente, empossado com a renúncia — ou *impeachment* — do titular. Com isso, o presidente da Câmara era o segundo homem na linha sucessória, o que vale dizer que eu era também intérprete da Vice-Presidência da República.

Em pouco tempo, eu estava bem à vontade no gabinete, entre chefes de Estado e governo. A segunda visita oficial foi da princesa da Tailândia. Depois dela veio a Primeira-Ministra da Noruega e uma procissão de embaixadores. A dinâmica era sempre a mesma: apresentações, agradecimentos, amenidades, piadas, presentes e apertos de mão. E no meio do caminho, fotos. Muitas fotos.

Com os embaixadores, a rotina saudação-humor-presente-despedida se alterava um pouco. No meio desse ciclo entrava sempre alguma choradeira. Índia reclama do Paquistão, que reclama da Índia. Israel reclama da OLP, que reclama de Israel. Iraque reclama dos Estados Unidos que reclamam da Síria e por aí vai. Cada um na sua. Farinha pouca, meu pirão primeiro.

Se o Presidente da República viajava, a gente se mudava para o Planalto. Ali a rotina também se alterava um pouco, com mais apertos de mão e número ainda maior de fotos. Ser presidente por um dia é uma festa.

Assim começou minha carreira, meio por acaso, por sorte e inicialmente a contragosto. E assim ocorrem as grandes mudanças na vida. No começo não entendemos bem para onde o destino está nos levando. Achamos que não vamos nos adaptar. Mas, quando nos damos conta, já adotamos uma nova rotina e passamos a ver o mundo com olhos diferentes. Geralmente, nessa fase, já não dá pra voltar. Na verdade, quando chegamos aí, já não podemos e nem queremos mais retornar ao mundo de antes.

O mesmo aconteceu quando vim parar em Brasília. Até os 6 anos de idade, fui mineiro de Belo Horizonte, onde nasci, mas um belo dia vim com a família para o poeirão vermelho do Planalto Central, onde ficaria por pelo menos quatro décadas. Meu pai tinha vindo na frente, um ano antes, e a gente ficava no vaivém Minas–DF. Sofríamos com a separação, mas a ideia de vir para uma cidade sem esquinas, burocraticamente dividida em setores, não nos animava nem um pouco.

Para Brasília, até a estrada era chata: sem curvas, plana, monótona. A gente saía de Minas, e o verde do mato ia desbotando, amarelando, até ficar meio vermelho. Cruzada a ponte que nos deixava em Goiás, a vegetação ficava rasteira, com árvores feias de casca grossa, quase sem folhas e tronco todo torto.

Minha primeira viagem para Brasília marcou o início de um novo e longo aprendizado. Pela janela do ônibus, vendo as árvores retorcidas de galhos nus se projetando rumo ao céu, minha irmã exclamou:

— Mãe, plantaram a árvore com a raiz pra cima!

Levou um tempo pra explicar que a árvore estava bem; que as raízes que estavam pra cima eram as nossas; que nossa vida é que estava se invertendo a uma velocidade bem superior à do ônibus que cortava o cerrado levando a bordo aquela vontade enorme de ficar escondido entre as montanhas de Minas, longe da poeira vermelha e das árvores que não eram árvores.

Já Sua Alteza não podia imaginar que sua visita protocolar ao Brasil, muitos anos depois, marcaria o início de uma revolução pessoal e profissional que tiraria da água um professor para fazer dele um intérprete. E eu tampouco imaginava que em breve não sentiria mais tanta falta das esquinas de Belo Horizonte ou do cloro da piscina.

Vamos às Compras

O QUE FIZ NO gabinete do presidente aquela tarde é conhecido como interpretação consecutiva.

Na consecutiva, a pessoa que tem a palavra faz pausas periódicas em sua fala, a fim de permitir que o intérprete faça o traslado da língua original (língua-fonte ou língua de partida) à língua dos ouvintes (língua-meta ou língua de chegada). Em seguida o processo se inverte e quem estava escutando pode passar a falar, fazendo as mesmas pausas e usando o intérprete na direção oposta.

Mas tem também a interpretação simultânea. Nessa modalidade, o intérprete vai repetindo na língua de chegada cada palavra ou ideia apresentada pelo palestrante na língua de partida. A diferença é que agora o palestrante não faz mais pausas, e o intérprete fala ao mesmo tempo que o conferencista, daí o nome dado à técnica.

Na verdade, falar em 'simultânea' é inapropriado, uma vez que há sempre um retardo, mínimo que seja, entre o que é dito pelo palestrante e o discurso produzido na interpretação. O intérprete precisa de um tempo para processar e reformular o conteúdo. E, naturalmente, precisa ouvir antes de dar início ao processo de tradução. Não dá pra ser completamente simultâneo.

A interpretação simultânea geralmente envolve uma aparelhagem eletrônica para evitar a sobreposição de vozes. Digo geralmente porque há também a técnica conhecida como *whispering* ou *chuchotage*, que nada mais é que uma interpretação sussurrada 'simultaneamente' ao pé do ouvido de um ou dois convidados. A técnica sussurrada dispensa equipamentos. Já na interpretação simultânea propriamente dita, os intérpretes se isolam em uma cabine à prova de som e recebem o áudio por meio de fones de ouvido. À medida que escutam, vão produzindo um novo discurso na língua-meta ao microfone. A interpretação é levada aos participantes por meio de ondas de rádio (ou luz infravermelha) e captada por meio de receptores sem fio e fones de ouvido individuais.

Em situação ideal, o intérprete funciona como um transformador. Entra 110, sai 220. Entra 220, sai 110. Entra espanhol, sai português. Entra português, sai espanhol. Como a comunicação é processo dinâmico, a situação envolve mais que a mera substituição de palavras. A depender das línguas em questão, pode haver alterações estruturais e semânticas a compensar, além de expressões idiomáticas que não encontram correspondente imediato na língua de chegada. Há sempre alguma variação, e o intérprete se vê diante da necessidade não apenas de trasladar palavras, mas de adaptar conceitos. Para entender as diferenças entre essas duas técnicas, e compreender também como essas adaptações se dão, busquemos uma analogia.

Imagine alguém que vá ao supermercado fazer compras. A pessoa chega com uma lista do que lhe falta e sai serpenteando pelas diferentes seções da loja, tirando das prateleiras e colocando no carrinho os itens que deseja. As mulheres geralmente seguem um roteiro, cobrindo sistematicamente todas as seções e efetuando a compra em blocos de produtos mais ou menos semelhantes. Os homens costumam ser mais desorganizados. Conhecem menos a distribuição dos itens no supermercado, têm menos disposição para as compras e caminham a esmo por entre os corredores, fazendo uma seleção aleatória. Também tendem a incluir mais itens de última hora que não estavam no planejamento. A ideia original era comprar fraldas, mas o supermercado inteligentemente coloca ao lado da seção infantil três ou quatro prateleiras repletas de cerveja. Se o pai é quem foi às compras, provavelmente vai querer unir o útil ao agradável.

Esgotada a lista, o carrinho chega abarrotado ao caixa. O comprador então vai colocando na esteira os produtos em ordem mais ou menos aleatória (novamente, isso vai depender de quem está fazendo as compras). O caixa, por sua vez, vai passando os itens um a um, registrando e empurrando para o outro lado os produtos, que se vão amontoando para o empacotador.

Em nossa analogia, o comprador é o palestrante. A lista de compras é o roteiro de sua apresentação, que vai sendo adaptada conforme a necessidade ou característica específica do próprio conferencista e do público a que se dirige. O palestrante pode ser organizado e didático, cobrindo seções e itens em sequência lógica e atendo-se ao inicialmente planejado. Por outro lado, pode ser impulsivo e capaz de improvisar, saltando de um assunto a outro, a depender da receptividade que encontre no público, alterando a prioridade de suas ideias conforme sua percepção do momento.

O processo de tradução ocorre no caixa. A intérprete é a moça que registra os produtos. Na interpretação simultânea, ela vai recebendo os itens (palavras ou unidades de pensamento) na sequência em que foram colocados na esteira e os registra um a um:

1 litro de leite

1 pote de margarina

8 pães

4 cervejas

3 pacotes de fralda

1 pote de margarina

2 litros de leite

2 cervejas

4 frascos de xampu

1 pacote de biscoitos

1 frango congelado

1 lata de Nescau

5 quilos de arroz

1 refil para barbeador

1 pacote de biscoitos

meio quilo de batatas.

Com o scanner instalado hoje nos caixas essa operação ficou muito mais fácil. Antigamente, quando ainda era preciso registrar manualmente o preço de cada item, a pessoa que estivesse no caixa (nossa intérprete) podia optar por alterar um pouco a sequência dos itens, fazendo pequenas pausas para agrupar os produtos em categorias que facilitassem o registro, passando-os ao empacotador numa ordem diferente, consolidando os itens segundo a quantidade. Assim, juntaria os dois potes de margarina, as seis cervejas, os dois pacotes de biscoito e os três litros de leite, racionalizando o registro. Poderia, ainda, dar-se ao trabalho de agrupar os itens segundo o peso, registrando primeiro os mais pesados, para evitar que o saco de arroz caísse por cima dos ovos na hora de empacotar.

Numa situação linguística, essas acomodações equivaleriam a esperar a conclusão de algumas frases, até se ter certeza da intenção pretendida pelo autor. Além de eventuais hesitações do palestrante, é comum, no caso de línguas como o inglês, que os adjetivos venham à frente do substantivo, forçando o intérprete a esperar a conclusão de uma série por vezes longa de qualificadores até saber do que se está falando. Vejamos um exemplo:

The process involved a tedious, inefficient, time-consuming, heated, and often contradictory sequence of arguments.

No exemplo acima, é preciso armazenar os cinco adjetivos (*tedious, inefficient, time-consuming, heated* e *contradictory*) até que se chegue ao objeto (*sequence of arguments*), para só então enfileirar os qualificadores na língua de chegada. A tradução ficaria mais ou menos assim:

O processo envolveu *uma sequência de discussões* tediosas, ineficientes, demasiadamente longas, acaloradas e frequentemente contraditórias.

O intérprete poderia optar por uma construção semelhante à original, antepondo os adjetivos, o que também é possível em português, mas criaria para si uma dificuldade adicional dada a incerteza quanto ao gênero e ao número do substantivo que vem ao final (uma sequência de discussões), aspectos que precisariam estar refletidos em cada adjetivo. Se se arrisca a dizer que o processo envolveu *um tedioso, ineficiente, demasiadamente longo, acalorado e frequentemente contraditório...* cria uma sentença meio esdrúxula. Além disso, terá dificuldades em adaptar o restante da frase quando perceber que o objeto é feminino (**sequência** de discussão) e com forma plural (sequência de **discussões**). Com isso será forçado a refazer a frase ou a encontrar, de última hora, um substituto masculino e singular para "sequência de discussões".

Se a língua de partida é o japonês ou o alemão, aí a coisa piora de vez. Nessas duas, é comum que o interlocutor tenha que aguardar a última partícula da oração para só então concluir se a frase é afirmativa ou negativa ou até mesmo apreender a ação envolvida.

Os alemães inventaram, por exemplo, os chamados verbos separáveis (*trenbar*). Abrir, em alemão, é *aufmachen*. Para fechar, diz-se *zumachen*. A diferença fica por conta da partícula inicial (*auf* ou *zu*). Só que essas partículas *auf* e *zu* se separam na forma direta, indo parar ao final da frase. Portanto, para dizer que abro a porta (*Tür*), digo: *Ich* **mache** *die Tür* **auf**. E para informar que a fecho, digo: *Ich* **mache** *die Tür* **zu**.

Pra complicar, em alemão os qualificadores também vêm antes do substantivo, o que retarda o aparecimento da partícula final por muitas palavras mais: *Ich mache die rote, große und alte Tür auf*. Agora a porta é vermelha, grande e velha. Poderia ser também de vidro, emperrada, de maçanetas douradas, barulhenta e tal, e todos esses detalhes viriam antes de *Tür* e também antes de *auf* ou *zu*, deixando o intérprete em suspenso, sem saber que de fato se trata de uma porta e sem poder dizer o que aconteceu. Tampouco poderá arriscar um palpite, sob pena de ter que reformular a frase inteira, revendo um verbo que, em português, ficou lá no início. E olha que alemão tem mania de ir juntando palavras em frases quilométricas. Não é mole não.

De volta à nossa analogia, nossa caixa-intérprete teve tempo de fazer algumas adaptações na interpretação simultânea de nossa palestra-compra. Porém, como teria feito numa situação de interpretação consecutiva?

Na consecutiva, o conteúdo é empurrado em bloco para o empacotador. E só depois, com os itens já empacotados e longe da vista de nossa caixa-intérprete, é que a operação de registro pode se dar.

A moça, caso não tenha tomado nota dos itens à medida que iam se depositando na esteira, precisará puxar pela memória para reconstituir o lote. E nesse processo, provavelmente preferirá consolidar os itens não só segundo a quantidade ou o peso, mas também por categorias que facilitem a memorização. Ao final, poderá produzir uma lista mais ou menos assim:

8 pães

2 potes de margarina

3 litros de leite

1 lata de Nescau

2 pacotes de biscoitos

5 quilos de arroz

meio quilo de batatas

1 frango congelado

3 pacotes de fralda

4 frascos de xampu

1 refil para barbeador

6 cervejas

Nossa colega inteligentemente consolidou as quantidades, mas fez ainda uma separação funcional dos itens nas seguintes categorias: artigos matinais (pão, margarina, leite, Nescau e biscoito), alimentos básicos de origem vegetal e animal (arroz, batata e frango), artigo infantil (fralda), itens de higiene (xampu e barbeador) e supérfluos (cerveja). Com isso facilitou em muito sua memorização e seu trabalho. O único vacilo foi classificar cerveja como supérfluo.

No caso da interpretação, há uma sutileza a mais. Como aprendem logo cedo os intérpretes, os sinônimos na verdade não existem. Toda palavra, ainda que listada em dicionário como sinonímia perfeita para outra, de um vernáculo diferente, carrega consigo uma carga emocional, um sentimento, que varia de país para país, de cultura para cultura. Varia também conforme o conjunto de valores do próprio intérprete. Portanto, há sempre alguma diferença de tensão a compensar, e melhor seria classificar o intérprete não apenas como transformador, mas como um bom estabilizador de voltagem.

Ao final, no recibo entregue ao comprador, os itens da lista de compra podem aparecer com nome diferente. Nescau, por exemplo, pode constar como "achocolatado em pó", que muito embora não esteja errado perde um pouco em especificidade (substituição por item genérico). Os potes de margarina podem aparecer como manteiga, introduzindo-se um erro conceitual, que pode ser grande ou pequeno, a depender do caso.

No exemplo dado linhas acima, houve uma dificuldade semelhante na adaptação do adjetivo *time-consuming*, que literalmente significa *que consome tempo*. No traslado, optou-se por *demasiadamente longas*, solução que incorpora uma pequena porém inegável inferência do intérprete. De fato, o intérprete não consegue manter-se completamente isento. Por mais imparcial que procure ser, acaba contribuindo com alguma coisa sua. Isso às vezes é feito conscientemente, às vezes não. Pode enriquecer a palestra, mas também levar ao seu empobrecimento. Contudo, de uma forma ou de outra, sempre acontece. Em um nível profundo, pré-verbal, não somos senhores de nossas escolhas vocabulares. Somos reféns, muitas vezes, de predileções subconscientes, estereótipos, fixações e até neuroses.

Mas o objetivo final da interpretação é comunicar. E a comunicação é sempre um processo imperfeito. O que importa é que todos consigam se entender. Se tudo caminhar mais ou menos conforme previsto, todos poderão ao final tomar seu café da manhã. No copo de alguns, poderá haver um achocolatado que não seja Nescau. Na grande maioria dos casos, porém, essa não será uma diferença substancial. A menos que você, como eu, esteja sempre dando início a uma nova dieta.

Um Corpo Que Cai

O DITADO É MEXICANO: *antes malo conocido que bueno por conocer.* Melhor um diabinho conhecido que um anjo que ninguém nunca viu. Costumamos temer aquilo que desconhecemos. E como a maioria dos intérpretes começa pela interpretação consecutiva, é natural que tenha no mínimo certa reserva ao se aproximar de uma cabine de simultânea pela primeira vez.

Comigo não foi diferente. Comecei na consecutiva. Como sempre fui meio desorganizado, aprendi logo cedo a jamais confiar em minha capacidade de anotar, guardar registros, catalogar ou classificar informações em mídia física ou eletrônica. Costumamos tirar da memória aquilo que anotamos, por considerarmos que os dados já estão a salvo. Mas se depois não encontramos o registro, perdemos completamente a informação. E como tudo que eu anoto acabo perdendo, ou guardando neuroticamente em um lugar que de tão seguro eu jamais consigo encontrar, acabei desenvolvendo o hábito de estocar em minha mente as informações mais importantes ou imediatamente necessárias. Com isso, desenvolvi uma memória excelente para números e nomes, compilando glossários sem fim nas circunvoluções de meu cérebro. Ao mesmo tempo, condenei ao degredo, no porão mais empoeirado do inconsciente, toda e qualquer informação dita supérflua, que não precise estar disponível para fins de sobrevivência, profissional ou outra.

Essa capacidade de rememoração seletiva, que desenvolvi por compensação de um defeito, rendeu-me dividendos na interpretação consecutiva. Além de grande repertório vocabular, a consecutiva requer uma enorme capacidade de memória de curto prazo. Um dignitário internacional pode pedir a palavra e deixar-se levar por dez minutos, esquecido da necessidade de tradução. E enquanto isso o intérprete vai ficando amarelo, verde, azul, lilás e roxo, como aquele bonequinho do Super Mario que nada desesperado embaixo d'água tentando chegar à superfície. Quando a palavra finalmente lhe é passada, não adianta apelar. A estrela fez o show, e o intérprete agora que se vire. A depender do convidado, uma interrupção ou outra para esclarecimento talvez seja possível, mas alguém se arriscaria a uma simpática cotovelada nas costelas do Comandante Fidel durante um de seus infindáveis discursos? Só se for você!

Com a exposição frequente à interpretação consecutiva nos gabinetes da Câmara dos Deputados, especializei-me. E não queria fazer outra coisa. Até que um dia fui surpreendido. Ao chegar pela manhã para mais uma consecutiva em Brasília, encontrei na sala uma cabine de tradução, com todo o equipamento eletrônico instalado. Esperneei até onde pude, argumentando que nunca antes fizera aquilo; que meu treinamento era outro, que eu não estava capacitado. Não adiantou.

Lembro até hoje da angústia. Não era nova. Só que da última vez que sentira algo parecido eu estava sendo empurrado pra fora de um avião com uma bolsa meio sem jeito amarrada às costas. Despenquei alguns segundos no vazio, até que por sorte a mochila se abriu em um guarda-chuva verde gigante e eu saí planando lá em cima sobre vacas, casas e plantações goianas.

De paraquedas aberto é fácil ser corajoso, mas lá em cima, na porta daquele monomotor, da primeira vez, não tem herói não. Depois de quase um mês aprendendo a dobrar metros e metros de pano e cordões e ainda enfiar tudo em um saco que mal acomodaria um travesseiro, parti para o meu primeiro salto determinado a enfrentar todos os meus medos.

Subimos, e o medo só fazia aumentar. Eram três a saltar na minha frente. Até chegar a sua vez, você não consegue pensar em muita coisa. Para não dar parte de fraco você fica calado, embora não saiba como vai responder na hora H. Por sorte, tem sempre um 'amigo' para ajudar nesse momento de indecisão. Você não salta, é empurrado. Mas quando chega lá embaixo, você foi todo coragem.

Gostaria de poder dizer que entrei na cabine aquele dia com bravura e destemor, mas não foi bem assim. Quando dei por mim, já tínhamos decolado e eu nem percebera. O empurrão veio sob a forma de um comando em inglês bem claro:

— Entre naquela cabine e faça o melhor que puder!

Valha-me, São Jerônimo!

Entrei e sentei-me. Enquanto colocava os fones, sentia o corpo despencar no abismo. Meu colega de cabine era igualmente inexperiente e, pra piorar, o palestrante insistia em manter no ouvido os fones de tradução. Ele achava que se nos ouvisse poderia ir-se adequando ao nosso ritmo. Muito gentil de sua parte, *Mr. Speaker*, mas não deu pra sacar que isso nos intimida ainda mais?!

O medo é um sentimento poderoso. Dentro de limites razoáveis é uma emoção saudável que nos protege e preserva. Contudo, o medo fóbico é incapacitante, um exagero, um desajuste. O passo seguinte é o pânico, quando então deixamos completamente de pensar. Nossa mente racional pula fora do barco e deixa ao leme o protocérebro que herdamos das espécies animais inferiores, que só responde a instintos de reprodução e preservação da vida. Esse sistema inferior se limita, basicamente, ao tronco encefálico e ao sistema límbico. Deixa de fora o córtex cerebral, a massa cinzenta analítica e intuitiva que usamos para uma leitura equilibrada do mundo e da realidade.

Sob estresse agudo, sob medo intenso, retrocedemos na escala evolutiva. Voltamos a ser meros primatas. Tememos, simplesmente, sem a menor pista quanto à origem ou explicação de nossos medos, que em sua maioria são infundados, criados por nós mesmos. Em circunstâncias adversas, e sem o contraponto da racionalidade, esses medos vão se superpondo numa cadeia de processos fisiológicos em resposta a ameaças reais ou imaginárias, que podem levar a um surto quase impossível de se controlar. Falo com propriedade sobre esse sentimento, porque o experimentei muitas vezes, dentro e fora da cabine. É preciso coragem.

Mas a coragem não nos livra do medo. Coragem é simplesmente a disposição de enfrentar nossos receios e fantasmas no momento de maior fraqueza, quando não temos o menor indício de nossas reais chances de superação. Para escapar a nossos medos temos que, primeiro, nos expor a eles, admiti-los e observá-los ainda que estejamos em pânico. Foi isso que quis dizer Michel de Montaigne ao afirmar que "é preciso coragem para sentir medo". Só admitindo e enfrentando nossos medos é que iremos aos poucos juntando as pontas, conhecendo-nos, traçando limites e ousando superar outros, até por fim escolhermos, entre fugir e lutar, aquilo que nos traga mais resultados. A coragem deve nos impelir não à guerra, mas a uma conciliação com nós mesmos, com nosso ego e nossa porção inconsciente, em um propósito não de subjugar, mas de compreender. O antídoto contra o medo não é a força. É o conhecimento. A ação e a coragem é que nos levam ao conhecimento.

Entretanto, para um calouro a caminho do primeiro evento em cabine (ou do primeiro salto), com a boca seca, os olhos esbugalhados e a respiração entrecortada, na imaturidade juvenil que costuma acompanhar essas experiências, apostar na súbita revelação desse conhecimento como bálsamo tranquilizante é pedir para se decepcionar. Conhecimento custa tempo e investimento, além de coragem. Com trabalho e disposição, você acabará aprendendo a lidar com a maior parte dos apuros. É para isso que serve a prática. E com alguma sorte, sairá ileso ou com escoriações leves. Irá perceber que as dificuldades não são incontornáveis. A maioria delas só parece grave. Mais experiente, vai dar-se conta de que todo aquele medo era dispensável. Você se estressou e sofreu à toa. Nada é urgente e nem importante demais. Nem a bordo de um monomotor de porta aberta, nem dentro de uma cabine de interpretação simultânea.

Se analisarmos bem os temores mais frequentes na mente de um intérprete iniciante, veremos que são, em sua maioria, sociais e circunstanciais, e não receios técnicos. Decorrem quase todos da insegurança em relação a um ofício que ainda não se conhece bem. O iniciante acredita não poder errar, mas o que teme não é propriamente a incorreção que possa agregar à palestra. Seu nível de estresse ainda não permite essa sofisticação ética. Seu maior medo é a exposição de sua ignorância, é o julgamento que os outros possam formar a seu respeito. É o medo do ridículo, da desmoralização, da execração pública. Nessa fase preocupamo-nos por nós, não pelos outros.

O problema, mais uma vez, reside em nosso desconhecimento, em nossa ignorância em relação ao que se espera de nós e até ao que de fato vem a ser interpretação simultânea. Aqui, como na maior parte das circunstâncias da vida, a expectativa condiciona os resultados. Se eu imagino que todos esperam de mim um desempenho impecável, digno de uma máquina perfeitamente construída para substituir palavras e conceitos, trasladando-os com precisão a um outro universo semântico, sofro a cada pequena hesitação e ao primeiro lapso de memória ou pronúncia. Se imagino que não posso errar, e que todos na plateia estão ali para me julgar, crio um nível de tensão absurdo. No início da carreira, o que mais nos mete medo é o público. Quanto mais gente na plateia, pior. E se alguém virar a cabeça para trás, então, para procurar o intérprete dentro da cabine, aí aquele restinho de confiança que ainda resistia escorre pelo ralo. E bem podia ser um olhar de admiração!

O grande limitador de rendimento na interpretação é emocional, não linguístico. De nada adianta dominar todo o jargão técnico de uma conferência se não se dispõe da calma necessária para driblar pequenas dificuldades de ritmo, um problema eventual de compreensão, uma súbita inversão de pauta, um sotaque mais carregado. Por outro lado, com calma e tranquilidade, ainda que sem o domínio completo da terminologia ou do assunto, é possível contornar a maior parte das dificuldades e aplicar as muitas táticas de sobrevivência disponíveis, até encontrar outra vez o fio da meada.

O negócio, então, é insistir na experiência e relaxar. A tranquilidade virá. Quem tiver pressa e muita motivação para superar essa fase inicial de temores pode encontrar alguns atalhos. Aprender com os erros dos outros, por exemplo, é possível e dói bem menos. Assim, observar o trabalho e a reação de outros intérpretes em cabine ajuda muito.

Refletir sobre o que condiciona nossos medos, sobre aquilo que realmente nos assusta e sobre a real probabilidade de desastres também é um produtivo passatempo fora da cabine, entre um evento e outro. Ajuda-nos a dar às coisas a devida dimensão. Para isso serve a teoria. A literatura técnica acadêmica sobre a formação de intérpretes ainda é pequena, mas quem procurar vai encontrar conhecimento sempre útil. Ao final deste livro, apresento uma lista de referências relativamente abrangente.

A responsabilidade envolvida em um serviço de tradução é muito grande. O intérprete é um pequeno, mas importante elo na cadeia da comunicação. Não é indispensável, como gostaríamos de crer, mas certamente importante. Por seu intermédio, canalizam-se informações cruciais, cujo entendimento é determinante no curso de acontecimentos que podem literalmente mudar a história. Mas a história consiste exatamente no conjunto dessas mudanças. E seremos sempre partícipes e agentes dela. Isso, naturalmente, implica risco. Um risco do qual é impossível fugir.

Em nossa função de intérpretes, somos obrigados a tomar decisões a todo momento, instantaneamente. Somos potencialmente imputáveis pela escolha de cada vocábulo ao microfone. E a possibilidade de fracasso, de erro, de um deslize, é em muito aumentada na presença de uma ansiedade descontrolada. Portanto, os esforços para controlar a ansiedade, dessensibilizar-nos em relação ao medo, na busca de uma perspectiva mais humana para o papel que desempenhamos, devem receber a mais alta prioridade nas estratégias de capacitação, uma vez que condicionam uma taxa muito maior de rendimento.

Obviamente, problemas sempre podem ocorrer, mas entre a possibilidade e a probabilidade de um grande desastre existe um campo imenso. É aí que você quer estar. Admita a possibilidade, mas viva na probabilidade. Não há garantias na vida. Ninguém pode assegurar que o pior não acontecerá, mas você pode escolher aquilo em que prefere acreditar. Lembre-se de que seus pensamentos condicionam seus sentimentos, que por sua vez determinam seu nível de ansiedade. Portanto, pense direito. Procure dar aos fatos uma perspectiva equilibrada.

Nesse esforço de dessensibilização, convém nos lembrarmos de algumas coisas sempre. Em primeiro lugar, é vaidade imaginar que o público vai a uma palestra para apreciar ou julgar o trabalho do intérprete. Ninguém está ali para isso. Não temos essa importância, lamentavelmente. Desempenhamos uma função de apoio, invisível, apesar de audível. Isso, por si só, já deveria servir para aplacar um pouco o medo. Mas a fobia não se rende a argumentos tão simplistas. É preciso levar esse raciocínio um pouco mais longe.

Admitamos, por hipótese, que as pessoas na plateia de fato estejam ali para nos julgar. Ainda que assim fosse, nossa condenação dificilmente seria unânime. Na grande maioria das vezes, a depender da língua, uma parte da plateia prescindirá da tradução. No caso de eventos em língua inglesa, por exemplo, essa proporção pode chegar a 50%. Vale dizer que no em alguns países isso se deve menos à erudição e mais à vaidade.

A herança colonial em algumas nações atribui ao conhecimento das línguas um certo status social. Falar outros idiomas, sobretudo em determinados círculos profissionais, é prestígio que frequentemente se traduz pecuniariamente, em promoções e privilégios. Já confessar desconhecimento de uma língua como o inglês é admitir publicamente uma forma contemporânea de analfabetismo e expor-se à amargura de algumas oportunidades perdidas. Por isso mesmo, verifica-se por vezes uma resistência relativa ao uso dos receptores de interpretação. Algumas pessoas se recusarão a usar os fones simplesmente para não confessarem sua ignorância da língua estrangeira. Haja o que houver, não darão o braço a torcer. Outras aceitarão os receptores de tradução com reservas, justificando o gesto com comentários do tipo:

— Bom... acho que não vou precisar... mas, por via das dúvidas...

E isso se a abordagem de quem oferece tiver sido correta. Se a pergunta for

— O senhor entende inglês?

ou

— A senhora vai precisar da tradução?

eu garanto que em 90% dos casos as respostas serão "sim" e "não", respectivamente. Um tal participante vai preferir boiar a palestra inteira. Melhor resultado se obtém dizendo-se apenas, casualmente:

— Aqui está, caso queira acompanhar a tradução.

A aceitação nesse caso será pelo menos duas vezes maior. Pode acreditar.

A plateia, assim, se divide claramente em três categorias básicas: os monoglotas, os bilíngues e os falsos bilíngues. Os primeiros aceitarão a interpretação sem qualquer ressalva, o que vale dizer que formarão com o intérprete logo de saída uma aliança positiva, torcendo para que tudo dê certo, pois disso depende o entendimento da mensagem. Não há, em princípio, nenhuma hostilidade. Por sua vez, os bilíngues, por dominarem bem as duas línguas, não usarão os receptores de interpretação simultânea e, assim, não terão como julgar a qualidade da tradução.

É nos falsos bilíngues que reside o problema. Embora não compreendam bem a língua, tendem a achar que entendem, e procurarão validar essa percepção de si mesmos mediante verificações (e críticas) frequentes aos intérpretes. Em geral, vão colocar e tirar os fones muitas vezes durante a conferência, ou deixar um ouvido sempre descoberto. É mais ou menos como assistir a um filme estrangeiro tentando acompanhar o áudio original e recorrendo à legenda a cada frase, para confirmar o entendimento. Um olho no padre, outro na missa.

Também é comum haver na plateia um representante do contratante, que quer certificar-se de que a tradução vai bem. Só que esse alguém geralmente se pauta mais pela reação da plateia do que por qualquer análise objetiva da interpretação. Além disso, não tem tempo para acompanhar cada palestra. Colocará os fones por uns cinco minutos, no início da primeira conferência, para ver se o som está bom, se o intérprete está à vontade. Depois disso, irá cuidar de suas muitas outras responsabilidades e só voltará no caso de uma reclamação pontual, um incêndio qualquer que precise ser apagado.

Portanto, há pouquíssima gente na sala cujo propósito seja realmente o de nos julgar. E mesmo aqueles aos quais seria possível alguma avaliação crítica de nosso trabalho — os falsos bilíngues, por exemplo — veem-se limitados em seu propósito. Como não dominam perfeitamente o idioma, só abrirão a boca para criticar se tiverem muita convicção. Na maior parte das vezes, a insegurança os impedirá de dizer qualquer coisa. E se disserem, muito provavelmente estarão errados.

Mas não posso negar categoricamente a possibilidade de alguém que esteja ali com o propósito de avaliar a qualidade do serviço. Tem sempre um tradutor ou intérprete iniciante na plateia, ou alguém que está ali de gaiato, sem grande interesse na conferência, e que vê nesse exercício crítico um bom passatempo. Mesmo esses, contudo, estão em desvantagem: não dispõem da qualidade de som dos intérpretes; não têm o treinamento dos intérpretes e nem fizeram a preparação específica que estes tiveram a chance de fazer. Se o intérprete, por exemplo, deixa de compreender alguma palavra, é bem provável que o resto da turma tenha boiado também.

Permita-me, porém, uma importante ressalva: os argumentos acima prestam-se tão-somente a um exercício de dessensibilização do medo. São coisas que os intérpretes iniciantes precisam observar e reforçar a si mesmos única e exclusivamente com o objetivo de reduzir sua ansiedade. Nada aqui deve ou pode ser entendido como licença para não se preparar, para agir sem compromisso, imaginando: 'se errar, tudo bem'. Voltando à analogia com os saltos, é como dizer e repetir a si mesmo a caminho do avião, de paraquedas nas costas, que as chances estatísticas de um acidente fatal no esporte são inferiores a 1%. É como se lembrar de que mesmo mal dobrado o paraquedas acaba abrindo em 99% dos casos. Serve para nos acalmar. Mas não serve para muita coisa mais e não substitui a preparação, o treinamento, a prudência. É apenas um exercício, uma tentativa de dar a cada coisa sua real dimensão.

A figura do intérprete remonta a tempos imemoriais e continuará por muitos séculos mais, até o dia em que a humanidade fale uma única língua, o que certamente ainda vai demorar. Até lá, é preciso que desempenhemos nossas funções profissionais, nosso ofício, com o máximo de segurança. Aqui entra uma coisa chamada consciência. Entra outra: responsabilidade. Não subestime as circunstâncias. Não superestime seu equipamento. Dobre carinhosamente os cordões e o velame de seu paraquedas e faça tantas verificações de segurança quanto possível. Não desdenhe da importância ou complexidade de qualquer palestra. Busque todo o tipo de informação disponível sobre a conferência e o conferencista. Vasculhe a Internet e outros arquivos atrás de reportagens anteriores, cópias de discursos sobre o tema, trechos em áudio ou vídeo de entrevistas ou apresentações passadas. Procure manter contato, pessoal ou digital, com o apresentador ou um de seus assessores. Só então repita para si mesmo os argumentos dessensibilizantes apresentados acima. Só então parta para a cabine, com ou sem medo.

No paraquedismo, a ansiedade pode aumentar absurdamente nos minutos que antecedem o primeiro salto. Mas só dura até o sujeito saltar pra fora do avião. Uma vez em queda livre, os santos todos ajudam. E aquele dia, na cabine pela primeira vez, ajudaram muito também.

Não me lembro bem de nada. Fomos nos virando como dava. Era uma palestra de pouco mais de meia hora, mas pareceu mais longa que a Era Mesozoica. Finalmente, ouvimos o tão esperado bordão:

— *Thank you very much for your attention.*

Havíamos chegado ao solo com relativa segurança. Com a palestra concluída, veio aquela sensação de que não foi tão mal assim. Eu acabei gostando da experiência e da adrenalina. Como disse, depois que o paraquedas abre é fácil ser corajoso.

Os TRÊS SALTOS que eu até então acumulava em minha promissora carreira de paraquedista haviam feito muito por minha confiança, mas a experiência da quarta decolagem, frustrante e quase trágica, sepultou de vez minhas pretensões de Ícaro. Na aceleração para alçar voo, ao final da pista de terra de um glorioso campo de pouso que a população de Formosa teimava em chamar de aeroporto, cruzou a pista de repente um cavalo, imediatamente abatido por nossa embarcação. Com habilidade de peão boiadeiro, o piloto conseguiu pousar de volta o bimotor corcoveante. A colisão deixou morto o animal e abriu na asa esquerda um rasgo de quase um metro por onde despejava querosene.

De volta ao pátio, deixei por lá a mochila, o capacete e a decisão de nunca mais brincar com coisa séria. Pra quem já estava começando a ficar displicente, a experiência foi bastante educativa. E para quem continua se aventurando em cabine para fazer 'o melhor possível' um susto igual pode ter o mesmo efeito. Imprevistos acontecem. Quando acontecerem, você vai querer estar pronto. Espere sempre o melhor, mas prepare-se para o pior. Lembre-se: para as coisas irem mal basta um cordão mal dobrado, um velame mal costurado, um empurrão mal dado ou um pangaré na estrada.

Ignorância e Força

E M 1988, eu ainda estava em Constança na então Alemanha Ocidental como bolsista do CNPq para um curso de mestrado. Era o ano da Olimpíada de Seul, que eu tentava acompanhar pela TV.

Eu admitia perder qualquer coisa menos a final dos 100 metros rasos, o embate tão esperado entre a lenda viva, Carl Lewis, e o canadense Ben Johnson. A corrida provavelmente duraria menos de dez segundos, na hipótese provável de um novo recorde mundial, mas eu planejava curtir cada minuto da preparação para a prova, o aquecimento dos atletas, a corrida, além da premiação e das entrevistas que certamente se seguiriam ao evento. Em meia hora, ia caber tudo com folga.

Na verdade, eu não dispunha de nem um minuto a mais. A televisão do meu quarto eu tinha encontrado na rua dois dias antes, no *Sperrmüll*, um festival de trocas bastante popular na Alemanha. Virando a esquina de casa, tarde da noite, dei com o aparelho ali no chão, meio encardido, mas inteiro. Levei-o pra casa e, para minha surpresa, ele funcionava direitinho.

Mas só na primeira meia hora. Depois de 30 minutos, os circuitos esquentavam e a imagem ia entortando, entortando, ficando de lado, depois de cabeça pra baixo e por fim espiralava toda em um redemoinho. Como eu pouco parava em casa, resolvi que era bobagem comprar outra televisão. Bolei um jeito de acompanhar pelo menos as principais notícias e os eventos esportivos, especialmente as corridas de Fórmula 1. Eu anotava o horário de início das transmissões e assistia à volta de apresentação, à largada e acompanhava uns vinte e poucos minutos de prova. Quando os carros começavam a correr de cabeça pra baixo, eu desligava a TV e deixava esfriar por 30 minutos, cronometrados com precisão suíça. Depois ligava de novo e tomava pé da situação.

Mas na final olímpica dos 100 metros saiu tudo errado, porque a largada insistia em atrasar. Eu já não tinha unhas para roer e torcia pra caber tudo na minha franquia de 30 minutos. Não coube! Logo depois do tiro, as raias se emaranharam e, com pouco tempo, a tela escureceu e emudeceu. Perdi o sono e passei o resto da noite ligando a TV de meia em meia hora.

Em minhas aulas de treinamento desportivo eu aprendera que cada atleta traz geneticamente codificado um atributo não treinável chamado tempo de reação. Ben Johnson era sabidamente mais apto nesse aspecto e por isso reagiu primeiro ao tiro de largada. Mas eu sabia que Carl Lewis ultrapassaria o canadense, que, apesar de forte, era pesadão.

No desporto de alto nível, tudo é bastante previsível. Com um exame simples das fibras musculares de um atleta é possível prever o tipo de esporte em que será mais apto. Os campeões são determinados muitos anos antes de uma Olimpíada, numa etapa que inclui massificação e triagem.

Com essa mentalidade, cheguei à interpretação simultânea, imaginando que os campeões, os grandes intérpretes, já nasciam prontos, privilegiados por uma infância plenamente bilíngue, em que idiomas diferentes ocorrem naturalmente, sem qualquer esforço consciente. Acreditava que os monstros sagrados da interpretação seriam sempre pessoas com vários anos de vivência no exterior, com domínio e sotaque impecáveis de suas línguas de trabalho.

Para mim, o talento para interpretar simultaneamente era como o tempo de reação dos velocistas: um atributo não treinável. E não sendo eu intrinsecamente bilíngue, não tendo morado até então em país de língua inglesa, tinha lá minhas dúvidas de minhas chances de sucesso.

Mas como logo descobri, a crença de que a interpretação resulta de um talento inato é apenas o primeiro de uma coleção enorme de mitos que se costuma associar ao ofício. Não tem fundamento na realidade. Naturalmente, para tudo na vida há requisitos básicos sem os quais o sucesso fica sempre muito mais difícil, senão impossível. Na interpretação simultânea não é diferente. É imprescindível, por exemplo, que os aparelhos auditivo e fonador estejam funcionais. Ou seja, você precisa ser capaz de ouvir e falar. É fundamental o domínio, tão perfeito quanto possível, de pelo menos dois idiomas, sobretudo aquele para o qual se traduz. Mas isso são, como já disse, apenas os requisitos básicos, exigências que se apresentam, com as devidas variações, em qualquer outro ramo.

Em minha experiência como formador de intérpretes, constato a inveracidade desse mito todo o tempo. O programa que idealizei começa com uma oficina intensiva, de curtíssima duração. Logo no primeiro dia, os participantes são colocados na cabine para simular o que enfrentariam caso estivessem começando como eu comecei, na base do 'entra aí e faz o melhor possível'. É o dia mais tenso do treinamento. O curioso é perceber que os candidatos mais bem preparados do ponto de vista linguístico, os verdadeiros bilíngues — gente com vivência de vários anos no exterior ou uma infância multicultural — são os que mais sofrem nesse exercício. Se por um lado têm um ferramental vocabular mais completo, por outro cobram-se em demasia e esperam de si uma perfeição impossível de alcançar de uma primeira vez. A frustração aumenta quando o colega que vem depois se sai superbem, a despeito de limitações linguísticas evidentes.

Tenho algumas teorias para explicar esse fenômeno. Primeiramente, quanto maior o preparo e a consciência desse preparo, maior a cobrança autoimposta. O ser humano é competitivo por natureza, mas seu autoconhecimento é sempre limitado. Está sempre buscando padrões de referência exteriores a si. Ao reconhecer uma vantagem competitiva — sua característica plenamente bilíngue, por exemplo —, sente aumentar o peso da responsabilidade. E como a responsabilidade geralmente traz consigo o medo, o rendimento tende a cair. É compreensível.

Mas há algo além da mera autocobrança. Na experiência de alguém dito bilíngue, ocorre um processo interessante. Duas línguas, dois universos culturais vão-se acumulando e mesclando em experiências indistinguíveis e naturais nos anos de formação. As diferentes construções linguísticas e os diferentes atributos racionais e emocionais que exigem são internalizados em um caldeirão de experiências comum, um mesmo banco de dados. Não há empenho consciente na tradução, de traslado ou comparação entre línguas ou experiências, o que pode tornar inatural o esforço de interpretação. A seu favor, o bilíngue tem a maior espontaneidade da fala e a facilidade de compreensão que tanto custam a quem se aventura a aprender uma língua estrangeira.

Já na experiência de alguém que internaliza outro idioma por esforço consciente, há sempre a percepção de dois mundos que se tocam sem se invadir, com maiores ou menores interseções, a depender do nível de exposição cultural, da gradação, digamos assim, de seu bilinguismo. Com isso, a pessoa tende a desenvolver novas táticas de comunicação, uma capacidade ampliada de observação, alternativas e mecanismos de compreensão metalinguística que podem envolver os gestos e as sutilezas de entonação. Somado ao temperamento correto e a trabalho duro, tudo isso pode se traduzir em vantagens significativas na interpretação simultânea para alguém que não seja *completamente* bilíngue.

Mas a complexidade não para por aí. Nosso modo de pensar e nossas reações emocionais, assim como nossa língua, nossa rigidez, nossa capacidade de improvisação, nossa informalidade, são em grande parte definidos pela cultura em que vivemos, resultado de um constante processo de tentativa e erro tendo por referência as pessoas e o mundo à nossa volta.

O processo de aquisição linguística determina, em grande parte, o funcionamento de nossa mente, nossas predisposições, nossos preconceitos, nossa visão de mundo, nosso temperamento até. Na fronteira entre linguagem e cognição, há uma área nebulosa. Aqui os pesquisadores ainda avançam às apalpadelas, não havendo consenso quanto ao que ocorre primeiro — fala ou pensamento. Assim como a destreza manual diferenciou o ser humano dos macacos, permitindo-nos experiências táteis e de manipulação que iriam desenvolver novas vias neurais e sinápticas e expandir nosso potencial cognitivo, assim também a fala e as virtudes ou limitações de nossa língua configuram e disciplinam nosso modo de pensar. Definem o modo como enxergamos e vivenciamos a realidade, limitando ou expandindo nossas possibilidades de elaboração consciente, nosso repertório emocional, nossa interpretação do mundo.

Para a maioria de nós, o branco é uma cor bem definida, o oposto do preto. Contudo, para um esquimó, o branco admite tantas gradações quanto o cinza, e cada matiz exige um nome e condiciona uma resposta linguística e emocional diferente. Nossos irmãos do gelo reconhecem inúmeras tonalidades diferentes de branco, algumas das quais lhes são tão distintas quanto o azul e o amarelo para nós. A referência à cor branca, para nós um atributo geralmente estéril de qualificação ou linguagem, envolve, no caso dos esquimós, o domínio de um repertório vocabular muito mais extenso, com implicações sensoriais e racionais *literalmente* visíveis.

A aquisição linguística é um processo individual de contraponto coletivo, onde nossas escolhas, erros e acertos são validados ou rechaçados pelo meio, a partir de uma referência cultural comum. A experiência transcende o mero aspecto vocabular, impondo-nos analogias que são aceitas no meio, em detrimento de outras que lhe seriam estrangeiras.

Os caucasianos geralmente pensam na zebra como um animal branco de listras negras, mas para negros nativos da África trata-se de um cavalo preto com listras brancas.

Na música, as notas fá e sol são separadas por uma nota intermediária, que tanto pode ser chamada de fá sustenido quanto de sol bemol. Vai depender da nota anterior e da progressão melódica até ali.

Uma pessoa aculturada nos Estados Unidos pode entender o senso prático de matar dois pássaros com uma mesma pedra (*kill two birds with one stone*). Mas para alguém nascido na China, é mais fácil imaginar dois dragões sendo mortos por uma única lança de fogo. E nos países de língua portuguesa, o negócio é matar vários coelhos a um só golpe do cajado.

Como se vê, é tudo questão de referencial. Nesse caso, uma referência conceitual coletiva vai dando forma a outra, interna, que serve de bússola a nosso senso de propriedade linguística e cultural. Esse é um processo automático, que nos ocorre sem grande elaboração consciente. Contudo, quando tratamos de traduzir ou interpretar, sejamos nós bilíngues ou não, muitos desses cruzamentos conceituais, referenciais e linguísticos precisam ser desconstruídos. Damos início a um processo oposto, a uma viagem de volta em que temos que aprender a desmembrar algumas das associações feitas no passado. Precisamos enxergar a realidade pelas lentes de mundos diferentes que, no caso dos bilíngues, já haviam se fundido. Em certo sentido, é preciso desaprender.

Não consigo pensar nisso sem me lembrar de Winston Smith, personagem central de 1984, oprimido pela crueldade de um mundo onde verdade e mentira eram valores relativos e no qual "a ignorância era tão importante quanto a inteligência e igualmente difícil de se conquistar". Em certo sentido, na interpretação, como no mundo surrealista de Orwell, ignorância também é força.

Obviamente, é sempre bom contar com alguma vantagem competitiva, uma velocidade de reação geneticamente favorecida, no caso dos velocistas, ou uma memória prodigiosa, no caso dos intérpretes. E se, além de boa memória o candidato dispuser também de aprimorado sentido para as línguas, vasto cabedal de cultura e a anomalia fisiológica de ter apenas sistema calmo (em lugar de sistema nervoso), também sairá na frente, destacando-se do pelotão mais cedo na competição. Mas para manter-se na liderança e sustentar sua progressão sem medo do antidoping, atletas e intérpretes precisam de algo além dessa vantagem inicial.

Foi o que descobriu Ben Johnson na manhã seguinte àquela noite que passei insone em meu alojamento na *Universität Konstanz*. Para minha surpresa, o *Südkurier* da manhã seguinte trazia na primeira página a foto do canadense cruzando a linha de chegada em primeiro, braço erguido e dedo indicador estendido em clara provocação. Novo recorde olímpico e mundial: 9 segundos e 79 centésimos. Mas a glória de Johnson ficaria no exame antidoping, horas depois.

Como disse certa vez Einstein, o sucesso só vem antes do trabalho no dicionário. E olhe lá, porque no idioma alemão, língua maternal de Einstein, essa lógica não se aplica. No dicionário *Arbeit* (trabalho) vem antes de *Erfolg* (sucesso). Nossa vantagem competitiva, qualquer que seja ela, só nos carrega um pedaço do caminho. O trecho que falta, até a linha de chegada imaginária, só se cobre com muita dedicação.

Na interpretação simultânea, não há atalhos nem deuses, e os estimulantes ajudam pouco. Há apenas um esteroide anabolizante que o levará a romper todos os limites e sem o qual, também, nada se pode fazer. É o desejo, a vontade inquebrantável que beira o sonho e que nos move no sentido de fazer tudo o que for lícito para realizar aquilo que nos fascina e que parecia impossível. Sem trabalho e sem vontade — mesmo com o mais aprimorado equipamento genético e toda a placidez do mundo —, nem dopado.

Esse desejo, essa gana, certamente habitava o coração de Ben Johnson naquele outubro de 1988. Mas abundava muito mais generosamente em Carl Lewis, o garotinho negro e mirrado que os jornais mostraram depois, olhar vidrado da mais pura admiração em um encontro com Jesse Owens muitos anos antes. Owens, ídolo absoluto, negro e pobre como ele, havia desbancado o mito da supremacia ariana que Hitler pretendia consolidar nas Olimpíadas de Berlim, em 1936. Sem querer, colocou no coração do jovem Lewis a semente da superação que faria dele um novo Owens, levando pra casa quatro medalhas de ouro, muitos anos depois.

Já Ben Johnson foi humilhado publicamente e banido das competições pelo Comitê Olímpico Internacional. A despeito de todas as vantagens competitivas, sua glória durou pouco. O canadense voador, o Big Ben, como o chamavam no mundo do esporte, o quase mais veloz do mundo, foi desligado e colocado para esfriar.

Igualzinho ao meu televisor.

Pavões, Papagaios e Piratas

ÃO SÃO MUITOS, mas estão por toda parte. Caprichosos e superexigentes, para eles nada nunca parece estar certo: a remuneração é insuficiente, os dias são longos demais, o trabalho é maçante e o café está frio. É triste dizê-lo, mas nossa classe profissional por vezes se assemelha à coxia da Ópera de Paris, com vedetes de comportamento extravagante e estrelismo desmedido.

Críticos, excessivamente assertivos e em crônica carência de atenção, alguns desses colegas são excelentes intérpretes. Mas a grande maioria tende a superestimar sua própria capacidade. Jamais admitirão um erro, a despeito das evidências. A culpa será sempre sua, ou minha, e eles farão questão de deixar isso bem claro.

Alguns, de comportamento mais imperial, fazem lembrar aquele tipo criado por Chico Anysio, que se apresentava sempre da mesma forma:

— Eu sou o famoso Alberto Roberto. Você é o famoso quem?

Ao longo dos anos, testemunhei algumas pérolas interessantes, quase inacreditáveis:

Alberto Roberto está em cabine, embalado na interpretação de um trecho importante, quando seu telefone vibra sobre a mesa, em modo silencioso. Sem interromper a tradução, ele identifica o número de quem liga e aceita a ligação. Mas em vez de dirigir-se ao interlocutor, segue na interpretação do discurso por mais uns dez segundos. Só então corta o microfone e diz ao coitado que espera do outro lado da linha:

— Como pôde perceber, estou fazendo a interpretação de uma palestra importante. Chame novamente em 20 minutos.

Palestra em andamento. Tema tecnicamente exigente. Alberto descansa seus 30 minutos dentro da cabine. A colega se aperta e pede socorro, no sufoco. Em vez de ajudar, ele corta o microfone e se dirige a ela dizendo:

— Achei que você tinha se preparado.

Alberto assume o microfone e capricha na interpretação dos próximos 30 minutos. Maravilhado com seu próprio desempenho, sai da cabine para uma volta olímpica na sala, para que todos possam dar um rosto àquela voz fenomenal.

O colega de cabine vai mal, e Alberto decide sair para outra volta olímpica, dessa vez para garantir que o rosto associado à voz não seja o dele.

Um colega convida Alberto para dividir com ele a cabine, mas ele se recusa. O argumento é técnico:

— Olha, eu procuro trabalhar apenas com mulheres. Por uma razão muito simples: como a diferença na voz é grande, fica fácil para o público identificar os intérpretes. E eu não quero ser responsabilizado injustamente pelo erro de um colega.

Alberto chega atrasado para o evento e também esqueceu o crachá. É barrado na porta pelo segurança e arma o barraco.

— Eu sou o intérprete, meu amigo, o tradutor. Sem mim não tem evento!

Atitudes assim —exageradas aqui para fins de argumentação— geralmente se fundam em algum tipo de insegurança. Resultam de um ego que se percebe ameaçado ou desimportante e que tudo fará para criar certa distância entre si e o que lhe pareça ordinário. Decorrem de uma fratura em nosso senso de identidade.

Mas nem toda a causa é endógena. Alguns elementos externos concorrem para esse tipo de atitude também. Um deles é a proximidade transitória com o poder e as celebridades. O intérprete tem lugar privilegiado na maior parte dos encontros. Geralmente está tão próximo quanto é possível estar dos chefes de Estado, das estrelas da música, dos ganhadores de prêmios Nobel, dos artistas. Sai em muitas fotos, empoleirado no ombro de reis e rainhas. Como se não bastasse, cabe-lhe repetir, em primeira pessoa, algumas das declarações mais bombásticas da história.

Sem a devida autorreflexão, essa proximidade ajuda a construir uma falsa sensação de importância, de integração a um mundo que não é realmente nosso. Com exposição frequente a essa experiência, é fácil ir confirmando para si mesmo um ilusório sentido de pertencimento. Isso é particularmente verdadeiro para quem chegou à interpretação atraído pelo caráter dessubjetivante da prática, onde o ego do intérprete temporariamente se anula para assumir a personalidade do outro, a quem traduz, deixando de ser quem é, por instantes, para passar a ser quem não é.

Mas nessas condições, na total dessubjetivação, na ausência do eu, o intérprete não poderia estar mais longe das celebridades cuja proximidade eventualmente o motive. Está ausente, perdido no tecnicismo de um ofício que, aprendeu, não admite a presença do eu. Nesse nível de consciência, não é bem ele que está ali. Só que no dia seguinte, ao ver sua foto no jornal, ele reativa a pleno seu senso de significância.

Agora, lembre-se de que é sempre mais fácil enxergar e condenar falhas nos outros. Daí nossa propensão constante à crítica e aos dedos apontados. É uma projeção de nossa mente inconsciente, que nos oferece uma imagem em espelho, invertida, contra a qual é mais fácil dirigir nossa raiva ou insatisfação. É um mecanismo que visa a nossa autoproteção.

Todos temos de nós mesmos o melhor conceito possível. Torcemos pelo mocinho nos filmes e somos rápidos em condenar atos de flagrante injustiça. Ninguém se percebe cruel ou mesquinho, frio ou negligente. Mas uma análise honesta, no fundo de nosso íntimo, deixa claro que todos nós somos capazes de exibir comportamento indesejável a depender de como sejamos provocados ou estimulados. A dificuldade está em admiti-lo.

Fica a dica: no fim das contas o comportamento dos outros sempre mudará em resposta ao que recebem de nós. Mais uma vez, tendemos a tomar o reflexo pela realidade e deixamos de buscar a verdadeira fonte da luz. Portanto, se o seu mundo está repleto de *prima donnas* arrogantes, talvez seja hora de examinar atentamente o contorno da imagem refletida no espelho.

O intérprete tem nas mãos um grande poder. Tem acesso direto aos ouvidos de centenas de pessoas na plateia, número que pode chegar a centenas de milhares, no caso de streaming online ou transmissão pela TV. Tem a possibilidade de enfatizar ou suavizar a importância o tom de determinada informação. Tem nas mãos a chave de indução ao riso ou a outra emoção. Tem o potencial, caso lhe falte ética, de atribuir ao palestrante uma hesitação ou falta de clareza, garantindo para si foro privilegiado no caso de ser necessária uma defesa momentânea. Pode, sim, com muita facilidade tornar-se o centro das atenções. Só não deve e nem pode fazer nada disso.

Por outro lado, pode e deve participar. Dentro e fora da cabine, há diversas maneiras de se integrar. Com um pouco de carisma e simpatia na voz, o intérprete vai aos poucos evidenciando seu desejo de facilitar a comunicação, de contribuir para o êxito do evento e agregar valor. Isso é positivo. Isso é serviço e pode ser construído de várias formas, algumas delas silenciosas e invisíveis. Mas pode se configurar bem de forma audível, por exemplo, em um casual pedido de desculpas.

Naturalmente, intervenções como essas exigem muita confiança, familiaridade com as pessoas citadas, tato e um *timing* muito apurado. Mas não é nada que a prática não dê. Em um evento mais longo e informal, depois de quebrado o gelo e com muito bom senso, pode haver espaço até para um pouco de humor. De maneira natural e não-invasiva, sem perder ou arranhar em nada sua imagem profissional, é possível integrar-se ao grupo, impondo-se com a grandeza e a simplicidade que tem todo pequeno elo na grande corrente da comunicação.

Na interpretação simultânea ou consecutiva não há regras inquebráveis. O objetivo central é comunicar. E quando se tem esse compromisso em mente, todo e qualquer comportamento passa naturalmente a concorrer para o êxito dessa comunicação. O intérprete é um elemento importante no processo de interlocução. Um elemento humano, provido de personalidade, talento específico, estilo pessoal.

Não tenho mais aquela visão estanque do intérprete como mero reprodutor de conteúdo, uma máquina sem emoção e personalidade, escondida dentro de uma cabine e separada do mundo por um sólido painel de vidro. É essa impressão de isolamento, de invisibilidade, que talvez leve alguns colegas intérpretes a agirem com arrogância, querendo atrair pra si uma atenção que não fazem por merecer naturalmente, por incapacidade pessoal de comunicação ou por estarem escravizados a um sistema de regras autoimposto que os impede de ser como são.

Os intérpretes devem aprender logo cedo uma lição que ouvi de Larry King, apresentador da CNN: o segredo do negócio é que não há segredo. Larry conta que em seu primeiro dia na rádio, em seu primeiro programa ao vivo, entrou em pânico diante do microfone. Tinham acabado de lhe dar um novo nome artístico (King) e ele tinha a noção de que não podia errar, de que tinha que ser tecnicamente perfeito e seguro, portando-se conforme as expectativas. Depois de alguns minutos de silêncio, seu chefe invade a cabine de gravação e lhe diz com severidade:

— Meu amigo, o negócio aqui é comunicação. Trate de comunicar!

E Larry então começou. E sabe por onde começou? Começou cheio de medo e dizendo, literalmente, as seguintes primeiras palavras:

— Olá. Hoje é meu primeiro dia como locutor. Acabaram de mudar meu nome e eu nunca falei ao vivo antes. Estou bastante nervoso. Peço que tenham um pouco de paciência comigo hoje.

E aos pouquinhos foi entrando no programa.

Naturalmente essa fraseologia não está em nenhum manual da CNN ou da Rede Globo. Tampouco encontraremos em qualquer guia de conduta para intérpretes as sugestões feitas linhas acima. Mas há uma regra subjacente a todas as demais que não pode nunca ser esquecida. Essa regra diz: seja você mesmo! Aja na frente do Papa, do Dalai Lama, do Príncipe da Inglaterra ou da Madonna como agiria na frente de qualquer outra pessoa que lhe seja cara. Seja quem você é, antes de ser intérprete. Dê a si mesmo a real medida de sua importância, nem mais nem menos. Seja profissional, educado, cortês, mas não deixe de fora seus melhores atributos pessoais para abrir espaço a um monte de regras. Só assim a experiência da proximidade será real, sem que você tenha que voltar às fotos do dia seguinte para ter certeza de que esteve ali. Use o bom senso. Comunique.

A IMPORTÂNCIA DOS intérpretes é evidente. Em todo grande momento da história esteve presente um intérprete. Foi assim nas expedições marítimas de Portugal, Inglaterra e Holanda. Foi assim na expansão do Império Romano. Foi assim, simbolicamente, na chegada do homem à Lua, quando se deixou sobre o solo lunar o registro da diversidade linguística de nosso planeta. Mesmo as sondas Voyager, hoje perdidas nos confins do infinito, levam consigo o registro magnético das vozes, traços e culturas que compõem uma imagem sempre insuficiente da pluralidade do "pálido ponto azul" de Sagan. Se esse tesouro um dia vier a ser decifrado por algum ser esverdeado e cabeçudo na última interseção galáctica, parte do crédito caberá a um intérprete extraterrestre.

Assim como os bons tradutores que deixaram sua marca na história trazendo até nós o conhecimento de eras imemoriais, também os intérpretes deixarão o registro de sua participação inaudível, suas vozes silenciadas pela poeira do tempo que logo encobrirá mesmo as mais importantes personagens encarnadas. São essas personagens e essas vozes, porém, que a seu turno dão forma ao mundo.

Houve um tempo em que os intérpretes eram tidos como magos e bruxos, alçando-se sobre os demais por seu conhecimento incomum. Em outras épocas, gozaram de prestígio e mordomias nunca antes estendidos a plebeus. Privaram das benesses do poder e desfrutaram da intimidade de faraós cujos rostos jamais nos serão revelados, julgando-se protegidos sob o manto de cúmplice amizade. Mas a despeito de sua majestade, ou de seu relativo poder, muitos deles terminaram sacrificados e sepultados incógnitos sob as pirâmides de seus senhores, por razões estratégicas.

No castelo da interpretação convivem a glória e o degredo, o reconhecimento e o olvido. Há salões suntuosos, de pompa e majestade. Há pavões e papagaios sobre ombros reais. E há em um cômodo escuro, no fosso mais fundo, segredos nunca revelados, ocultos pela eternidade em meio à ossada de alguns intérpretes.

In pace requiescant.

Tubarões, Carpas e Golfinhos

FOONG CHE KONG levou à frente o acelerador e dirigiu-se o mais rápido que pôde para a cabeceira da pista. Carregou consigo os 189 passageiros do voo sob seu comando.

A seu lado, concluindo o *checklist* para a decolagem, o copiloto Latif Cyrano estava inquieto. Algo parecia estar errado. Mesmo em meio à tempestade, Cyrano podia ver as marcações da pista. Uma rápida consulta aos aparelhos de navegação indicava o posicionamento aparentemente equivocado da aeronave.

Com o avião já em movimento, o copiloto, tendo confirmado suas suspeitas, tentou avisar do erro o comandante, mas foi interrompido antes mesmo de concluir a frase.

— Sem problemas — disse Kong, imaginando adivinhar a dúvida de seu companheiro. — Já checamos tudo o que era preciso — disse com autossuficiência, e partiu com motores a pleno, sem dar chance a réplica.

O aeroporto de Taipei, de onde decolavam, era velho conhecido: "Luzes laterais apagadas indicam uso da pista apenas para táxi. Use de extrema cautela em circunstâncias de visibilidade reduzida," dizia o manual. Forçando a vista, Cyrano só era capaz de enxergar uma única fileira central de luzes. Mesmo assim, intimidado pelo comandante, calou-se.

Situações como essa são mais comuns do que parecem na aviação. E as consequências podem ser trágicas. Uma pesquisa realizada pela Nasa nos anos 1980 debitava nada menos que 60% dos acidentes aéreos a má comunicação e conflitos de autoridade na cabine de comando dos aviões. Desde a publicação do estudo, companhias como a United Airlines passaram a dar mais atenção ao relacionamento entre comandante e copiloto. Os resultados foram imediatos. A taxa de intercorrências passou de uma a cada 1,5 milhão de horas de voo (padrão da indústria) para uma a cada 5 milhões. Nada mau.

Mas por que falar de aviação em um livro dedicado à interpretação? Porque as semelhanças são muitas. E a inobservância de algumas regras simples de convivência também pode levar a desastres entre intérpretes. As consequências, embora menos trágicas, podem ser igualmente irremediáveis.

Assim como comandantes e copilotos, que dividem a cabine e as responsabilidades do voo com um time bem mais amplo, no ar e em terra, também os intérpretes dependem de um bom trabalho de equipe dentro e fora da cabine para se apresentarem com segurança. As semelhanças não ficam por aí. Na aviação, tanto quanto na interpretação simultânea, os profissionais se acham confinados ao espaço minúsculo de uma cabine geralmente desconfortável e mal ventilada, um ambiente de alta tensão.

Na interpretação simultânea o trabalho também é feito em equipe. Em cada cabine, pelo menos dois intérpretes se revezam durante todo o evento. A principal razão para se trabalhar em dupla é a absoluta atenção exigida no ofício. Eventos desafiadores, com grande densidade de conteúdo apresentado em alta velocidade, requerem dos intérpretes total foco na conferência. Qualquer distração é imediatamente punida com perda de conteúdo ou, pior, de credibilidade. São muitas as evidências empíricas de que o ser humano só é capaz de manter níveis ótimos de atenção por curtos períodos de tempo. Trabalhando a dois, os intérpretes têm a possibilidade de se revezar a cada 30 minutos, permitindo com isso que cada um dê o máximo de si quando chegar sua vez.

Mas engana-se quem pensa que o trabalho se resume à fase ativa de produção do intérprete, quando este fala ao microfone. Ao final de seu pequeno turno, a ideia não é propriamente relaxar. A fase passiva de trabalho também pode ser bastante exigente, ocupando o intérprete no auxílio ao seu companheiro. Por isso mesmo, enquanto aguarda novamente sua vez, o colega que 'descansa' precisa manter-se muito atento à palestra.

A depender da experiência dos profissionais, é perfeitamente possível sair da cabine ocasionalmente para lavar as mãos ou tomar um café, deixando sozinho o colega por alguns minutos. Tudo vai depender da confiança que ambos tenham no trabalho um do outro. Vai depender, também, do tipo de evento, do tipo de público, da importância ou complexidade do programa. Como regra geral, entretanto, procure ausentar-se apenas pelo tempo estritamente necessário.

Brincadeiras ocasionais fazem parte da boa convivência, mas é imprescindível que intérpretes e pilotos se comuniquem muito bem, com seriedade e respeito durante o trabalho. Embora não haja na interpretação uma divisão hierárquica tão clara como a que se verifica nas aeronaves, é comum encontrar-se sempre alguma disparidade no nível de experiência dos colegas de cabine. Haverá, pelo menos, alguma diferença de idade. Por último, pode haver variações na familiaridade de um e outro intérprete com o tema da palestra em curso. Esses aspectos podem fazer pender a balança em favor de um deles, que silenciosa e automaticamente vai se sentindo mais importante no evento ou na cabine, o que pode complicar a comunicação. Hierarquia, experiência e senioridade importam, é claro, mas podem condicionar privilégios que a seu turno levam a comportamento autocrático e dirigista, comprometendo a comunicação e o relacionamento.

Na cabine, o ideal é que os parceiros (ou *concabinos*, na gíria da interpretação) se percebam como iguais. E como iguais devem procurar trocar ideias e ajudar-se. Essa ajuda pode assumir várias formas, desde um meneio discreto de cabeça até contribuições orais e audíveis. Na maior parte das vezes, porém, a troca de informações se dá por escrito, mediante a anotação de palavras-chave, a confirmação de números e siglas, a correção de um nome próprio ou da pronúncia correta de dado termo. Em geral, o intérprete passivo procurará antecipar-se ao colega que está ao microfone, agindo preventivamente.

Para que o intercâmbio se dê de forma eficiente, os concabinos devem partilhar de um código de comunicação comum. Esse código muda a cada caso, a depender do colega com quem se trabalha. Desvendá-lo requer atenção a algumas regras simples.

A primeira delas é a cortesia: apresentar-se educadamente a todos, procurar conhecer os membros da equipe, colocar-se à disposição dos colegas. A segunda, já dentro da cabine, é saber se a ajuda de fato é necessária. Muito faz quem não atrapalha! Você não vai querer agir como aquele grupo de escoteiros que arrastou uma velhinha para o outro lado da avenida só para cumprir a boa ação do dia, sem perguntar, primeiro, se a anciã de fato queria ir para o lado de lá.

Uma outra regra fundamental diz que a discrição tem precedência sobre a informação. Nada é mais irritante que um colega cutucando seu braço ou enfiando um papel na sua frente a todo momento, a chamar atenção para algo que ele julga importante e que pode nem ser. Quando por fim consegue passar a informação desejada ao colega, provavelmente o terá desconcentrado a ponto de fazê-lo perder outros conceitos que vinham adiante. Às vezes é melhor deixar passar um deslize. Mas discrição também requer prática e tato. É um aprendizado. Leva tempo.

Convém dizer que má comunicação, indiscrição e falta de tato geralmente dão briga. Aliás, na cabine, nos momentos de maior tensão, os intérpretes podem brigar por nada. Uma mera sugestão vocabular pode parecer crítica ou desconfiança na capacidade do outro. Uma palavra sussurrada na hora errada pode melindrar o companheiro, principalmente se o público foi capaz de ouvir a sugestão do colega, evidenciando que a dupla esteve em apuros.

Conhecer a forma de trabalhar do colega ajuda bastante. É algo trabalhoso, mas o investimento vale a pena. Com empenho de ambos, é perfeitamente possível criar um time bem afinado, que vai se entrosando cada vez mais com o passar do tempo. Por isso mesmo, sempre que possível, convém manter a coesão de um grupo que funciona bem, mesmo que isso signifique exigir um pouco mais dos intérpretes ocasionalmente, forçando-os a uma jornada que vá um pouco além das usuais seis horas de trabalho.

Richard Hackman, Ph.D., pesquisador da Universidade de Harvard, demonstrou em outro estudo sobre segurança de voo que alterações frequentes nas tripulações e falta de entrosamento entre membros de uma equipe são problemas mais sérios que a fadiga. Em outras palavras, é mais seguro voar com uma equipe cansada que se conhece bem do que com um monte de tripulantes despertos e descansados que não conseguem se entender por total falta de convivência. Assim como os pilotos, os intérpretes autônomos nunca sabem ao certo com quem trabalharão. Não é surpresa que volta e meia haja gente se estranhando em cabine, no céu e na terra, pelas razões mais tolas.

A estratégia sugerida por Hackman para driblar a falta de convivência e os problemas potenciais daí derivados é a condução de um *briefing* antes da decolagem, sempre que uma equipe seja formada pela primeira vez. A recomendação se aplica perfeitamente à interpretação. Numa conversa franca e objetiva, é possível aos concabinos alinhar expectativas em relação a aspectos como ajuda, presença em cabine, divisão do tempo e até preferências terminológicas. Esse *briefing,* que como o próprio nome sugere deve ser breve, é crucial para garantir que a equipe recém-montada ganhe velocidade e decole sem sobressaltos para um voo menos turbulento.

Não nos esqueçamos de que os intérpretes alternam a condição de colegas e concorrentes. Podem dividir hoje uma cabine, mas uma vez fora dali estão no mercado competindo por indicação para os próximos eventos. A camaradagem pode acabar quando um dos dois começa a querer chamar mais atenção sobre seu próprio trabalho ou a evidenciar diferenças de estilo entre os dois. Piora muito quando o parceiro sai distribuindo cartões de visitas a participantes e organizadores nos intervalos.

Mas o estresse não para por aí. A disputa pelo microfone é outro problema comum. É curioso, mas os intérpretes preferem a fase ativa à passiva. Ficar de molho dentro da cabine é bem mais entediante, principalmente se o evento é fácil. O tempo não passa, a palestra vai ficando chata, o calor e a claustrofobia vão aumentando. Já quando se está ao microfone, a concentração é absoluta. O tempo voa, e a gente se esquece de tudo, dá foco total ao que está fazendo. Por tudo isso, o controle do tempo passa a ser questão de honra para alguns intérpretes. Ai de quem passar um minuto a mais! No instante seguinte, verá o colega apontando com energia para o relógio, como a berrar silenciosamente: "tá na minha vez!"

Orientar-se pelo cronômetro pode ser cômodo para alguns intérpretes, mas nem sempre a alteração é bem-vinda ou oportuna ao fim de exatos 30 minutos. Por vezes é melhor esperar a troca de um slide ou a conclusão de um pensamento, a tradução de uma pergunta ou a resposta a ela. Mas há colegas que acompanham o tempo com precisão absurda. Ao último passo do ponteiro de segundos, metem a mão nos controles, puxam o microfone para si e abortam o discurso do companheiro. Tiram a escada e deixam o colega pendurado no pincel.

Roubar o microfone assim é uma imprudência e algo que a maioria dos intérpretes entende como declaração de guerra. Costuma tirar do sério até o mais fleumático monge tibetano. Por isso mesmo, no *briefing* que antecede os trabalhos, é importante deixar bem claras as regras de transição entre colegas. O mais educado é dar àquele que fala a prerrogativa de anunciar gestualmente a passagem e então efetivá-la após a conclusão de uma unidade de pensamento ou frase. Tirar subitamente o microfone do colega só se justifica em situações extremas, por exemplo se o parceiro engasgar ou perder a voz subitamente. Do contrário, espere até a bola estar do seu lado da quadra antes de sair dando raquetadas.

Convém dizer que tomar o microfone não é exatamente arrancá-lo da mão do outro. Consiste, tão somente, em puxar para si a chave ou o botão acionador que habilita o seu microfone e desabilita o do colega. Esse dispositivo faz parte do chamado console de intérprete, uma pequena mesa comutadora instalada dentro da cabine, com controle de som, seleção de entrada e saída de áudio, chaveamento de canais e outras funcionalidades. No caso de consoles individuais, um colega geralmente só conseguirá habilitar seu próprio microfone quando o colega ao lado tiver concluído desabilitado o seu.

Mas o conceito de equipe, na interpretação, precisa ir além da cabine. Os intérpretes integram um time ampliado de trabalho, que inclui os técnicos de som, as recepcionistas, os garçons, o pessoal de apoio audiovisual. Inclui até os próprios palestrantes. Sem a participação de todas essas pessoas, o trabalho de interpretação será muito mais difícil, quando não impossível. E sem bom relacionamento com todas elas, as chances de acidentes são grandes. Você pode até descontar sua frustração no técnico de som, mas depois poderá ser pirraçado com áudio de baixa qualidade. E se quiser o conforto de água fria e café quente na cabine, é bom respeitar o garçom.

E se ainda faltarem argumentos em prol de urbanidade e cooperação, vale lembrar que na cabeça da plateia, dos organizadores e dos contratantes, a interpretação simultânea é uma coisa só, um monólito indivisível. O som sumiu? Culpa da tradução! O receptor falhou? Culpa da tradução! Um dos intérpretes engasgou? Nossa a tradução estava horrível! A crítica é sempre coletiva. Se um dos colegas vai mal ou trava durante a palestra, o prejuízo se estende à equipe como um todo. De igual forma, a excelência e o mérito nunca são individuais. O crédito é sempre da equipe. Portanto, um aviso àquele Alberto Roberto que pode morar dentro de você: ponha a bola no chão. Coopere. O sucesso da interpretação de seu colega é tão importante para você quanto para ele. Portanto, procure ajudá-lo sempre. Nem que seja por puro egoísmo.

Não banque o tubarão. Os recursos e as oportunidades são bem menos limitados do que parecem. Há alimentos e eventos para todos, acredite, e sua discrição e simpatia contam pontos a seu favor. Não saia atropelando e engolindo os peixes pequenos só porque você é veterano e parrudo. Também não dê uma de carpa. Saia da toca de vez em quando sem ser só para comer. Ao botar a cara para fora, você faz amigos e pode acabar se informando sobre aquela enseada onde rola muito mais comida. Partilhe as informações que você detém. A lei de sobrevivência no mar é aprender sempre. E isso exige abertura e comunicação.

A analogia acima é apresentada em um livro que explora a psicologia, não da fauna marinha, mas do ser humano. Em *A Estratégia do Golfinho*, os autores Dudley Lynch e Paul Kordis apontam esse cetáceo, mamífero como nós, como o melhor modelo a seguir. São brincalhões e parecem acreditar no potencial ilimitado do universo. Não têm medo de interagir e arriscam até uma aproximação com o homem. Com isso, abrem-se a possibilidades impensáveis a uma carpa ou a um tubarão. Sem falar que dificilmente acabam na panela. Vale a pena, então, repetir o conselho: interaja. Comunique-se! A comunicação pode literalmente salvar sua vida.

LAMENTAVELMENTE, o Sr. Foong Che Kong, comandante do voo SQ 006 naquele 31 de outubro de 2000, não teve tempo de aprender essa lição. O tufão Xangsane certamente não era o primeiro episódio de mau tempo que ele enfrentava ao manche de seu 747-400. Situações como aquela, potencialmente tensas, exigiam maior responsabilidade do comandante, e ele o sabia. Era preciso agir de modo seguro, escondendo qualquer traço de hesitação.

Mais que cautela, porém, o comandante tinha pressa. Com a tempestade apertando e a perspectiva de outras 12 horas em território chinês, ele tinha que aproveitar a pequena janela de visibilidade que lhe oferecia a torre de controle. De olho nos instrumentos, procurava certificar-se de que os ventos estariam dentro dos limites de segurança, mas por pressa deixou de enxergar muitos sinais óbvios. Em lugar da pista 05L, autorizada pela torre, tomou a via 05R, que estava em reparos. Não se deu conta da pouca luminosidade lateral. Do alto de sua experiência, e orgulhoso do histórico da companhia até então, ignorou como coisa sem importância as advertências de seu colega de cabine, que se deixou intimidar pela hierarquia.

Já se conformava com uma decolagem sem luzes, quando pareceu-lhe ouvir um som bem mais alto que as turbinas, muito mais alto que os trovões. Foi quando as luzes finalmente brilharam, com um brilho intensíssimo do qual ele não guardaria memória. Em lugar das luminárias laterais da pista, o que se viu foi um círculo de calor intenso envolvendo o avião, que se chocara contra enormes barreiras de concreto. O espetáculo, nada belo, durou pouco. As chamas logo engolfaram o comandante Kong e outras 82 das pessoas que iam a bordo.

Wienfelden umstiegen!

DE ZURIQUE, na Suíça, até Constança, na Alemanha, segue-se por um complicado percurso férreo, com direito a troca de vagões na fronteira. O percurso leva pouco mais de duas horas se o sujeito descer na estação certa, e toda uma eternidade para quem vacilar e perder o ponto.

Eu viajava com a certeza da suficiência de meu alemão, testado e certificado por seis anos de Instituto Goethe e dois diplomas de proficiência. Munido de um detalhado mapa, embarquei rumo à Alemanha, sabendo que teria que trocar de trem (em alemão, *umsteigen*) numa cidade chamada Weinfelden. Tudo certo.

Acolhido junto a uma pequena janela, em um trem muito aquém das minhas expectativas europeias, recebo a visita do *Schaffner*, um suíço compridão e muito branco, de quepe e uns distintivos na lapela, o equivalente saxão do trocador de ônibus no Brasil. Estendo-lhe minha passagem. Ele faz um picote com uma tesourinha esquisita. Ao ver que me dirijo a Constança, diz: *Wienfelden umstiegen!*

Aí começou meu calvário. Meu mapa dizia **Wein**felden, e o homem me pedia que descesse em **Wien**felden. Além do mais, o verbo baldear, no Alemão clássico que me ensinaram, era umst**ei**gen, e soava bem diferente de umst**ie**gen. Em alemão, o encontro vocálico ei é pronunciado com ái, como por exemplo **Hei**delberg, cidade cujo nome se pronuncia *ráidelberg*. Já a sequência ie é pronunciada simplesmente com o som de *i*, como por exemplo o artigo definido feminino, d**ie**, que se pronuncia apenas *di*. Talvez fosse só a pronúncia do *Schaffner*, mas minha condição de marinheiro férreo de primeiríssima viagem me dava motivos para duvidar de meus conhecimentos teutônicos. Vai ver eu tinha faltado àquela aula ou me confundido com a pronúncia de um verbo que eu nunca tinha usado, nem em português. Convenhamos, quantas vezes você já baldeou? Pode até ter trocado de ônibus ou aeronave, mas quem é que usa uma palavra dessas?

Quase duas horas de percurso, e nada! Minha aflição só fazia aumentar e eu já me via pagando de uma forma muito pior o excesso de bagagem que tinha conseguido driblar na Varig, mas que não escaparia de arrastar pela madrugada, sulcando meu destino na grossa capa de neve que se acumularia no inclemente inverno alemão. Em minha paranoia, nem me ocorria que ainda era outono e que a neve ainda ia custar.

Ao cabo de uma hora e quarenta, deslizou devagarzinho vindo parar bem à minha frente a placa com o nome **Wein**felden, exatamente como eu esperava. Tive o impulso de descer, mas continuava inseguro. Com um meneio de cabeça, o disléxico trocador desfez lá do fundo do vagão a dúvida que meus olhos lançavam no ar. *Desce, mané. É aqui mesmo!*

Essa dificuldade linguística foi só o começo de um aprendizado que logo deixou evidente uma coisa: o idioma que se ensina pelo mundo afora está longe de ser a língua falada nas ruas dos diferentes países. Todos aprendemos, por exemplo, que a resposta clássica para um agradecimento, em inglês, é *you are welcome*. Mas na Inglaterra ou nos Estados Unidos, no dia a dia, em ambientes públicos, essa é a última coisa que você ouve ao dizer *thank you*. A maior parte das pessoas vai responder com coisas do tipo *sure, no problem* ou — se você estiver em Minnesota — *you bet*. Nosso consolo é que no Brasil a gente vai à forra. Quem não conhece a piada do estrangeiro que desceu no Galeão doido para praticar português depois de meses de preparação no exterior? Mal desembarcou, foi direto a uma lanchonete provar o cafezinho brasileiro e testemunhou o seguinte diálogo entre dois balconistas junto à máquina de café:

— E aí, pó pô pó?
— Pó pô.

O homem esqueceu o café, pegou as malas, voltou correndo pro avião e até hoje jura que desceu no país errado.

A anedota é velha, mas ilustra um fato interessante. O processo de aquisição de uma língua estrangeira requer validação. Você só vai reter e usar o que ouvir outras pessoas falando e aquilo a que seus interlocutores reajam com familiaridade. Ilustra também um problema mais sério. Como as escolas em geral transmitem apenas o padrão culto da língua, o estrangeiro, ao desembarcar, terá pela frente um novo período de aprendizado, por mais longa que tenha sido sua preparação formal. Terá que acostumar seus ouvidos ao idioma verdadeiramente falado no local onde se encontra, com vícios de linguagem, regionalismos, expressões idiomáticas, gíria, diferenças de sotaque e até de sinonímia.

Isso vale para o Brasil também, claro. Na Bahia, quando dizemos que alguém é 'pros cocos', estamos validando sua competência e valor. Já em Minas, a mesma expressão tem sentido oposto: fazer pros cocos é fazer malfeito, com pressa, sem capricho. E não adianta buscar apoio em sua própria cultura, porque a lógica pode ser invertida.

Absolutely, em inglês, quer dizer sim, mas *absolutamente*, no Brasil, quer dizer não.

No cotidiano, em ambientes públicos, não há como evitar os mal-entendidos. São parte da experiência de se comunicar em outro idioma. Não há como impor ao homem da rua o cuidado de falar polida e pausadamente para proveito dos estrangeiros. O povo fala como quer e cada um que se vire. E a culpa tampouco será sempre dos cursos de idiomas. A língua é um organismo vivo e está em constante mutação. A necessidade de novas palavras surge todos os dias, resultado de novos intercâmbios culturais, inovações comerciais, avanço tecnológico. Antes da corrida espacial, só se falava em aterrissagem. Mas com o programa Apollo, surgiu o termo alunissar. E quando chegarmos a Vênus, o que vamos dizer?

Mas há situações em que a linguagem pode e deve ser controlada, para benefício de todos os agentes da comunicação. O *Schaffner* de meu exemplo anterior deveria lembrar-se com mais frequência de que, em um trem que parte do aeroporto internacional de Zurique em direção à fronteira com a Alemanha, é grande a chance de haver estrangeiros que podem até dominar o alemão, mas não o dialeto suíço-alemão (que nem os alemães entendem). Um comportamento mais tolerante, mais condescendente, seria de se esperar, com o emprego das formas gramaticais consagradas, sem recurso a gírias ou regionalismos, por exemplo. Deixar ao estrangeiro todo o trabalho de compreensão pode até ser divertido para os mais sádicos, mas acaba se traduzindo em atrasos e aborrecimentos para o próprio interlocutor. Conscientizar-se em relação às potenciais limitações da comunicação, diante de indicadores óbvios, pode poupar tempo e livrar de prejuízo a todos.

Comunicação é via de mão dupla. E na interpretação simultânea isso fica evidente. Os intérpretes trabalham por anos em sua formação, munindo-se de recursos que lhes permitam driblar dificuldades as mais diversas. Essas táticas de sobrevivência vão desde cuidados simples de preparação e prevenção, até rotinas complexas de aprendizagem, muitas vezes intuídas durante a própria palestra. Esses recursos, desenvolvidos em anos de prática, costumam resolver grande parte dos problemas. Mas para tudo há limites. Igualmente responsável pela clareza e tradutibilidade de ideias e vocábulos é o palestrante que produz o segmento de discurso que será traduzido. E a qualidade da interpretação será em muito majorada se alguns cuidados básicos forem tomados e se pelo menos houver consciência da necessidade de tradução. Imputar ao intérprete a responsabilidade integral pelo êxito da comunicação e apostar na infalibilidade desse profissional são expectativas irreais.

Para que as coisas andem bem, é necessário que não só os intérpretes, mas também o palestrante, tenham treinamento e se empenhem em observar detalhes importantes. Evitar o uso de siglas e abreviaturas, por exemplo, é um bom começo. Deixar os slides projetados por um pouco mais de tempo também ajuda os tradutores na leitura do conteúdo. Porém, mais importante que tudo é a disposição de cooperar, de se reunir com os intérpretes para uma rápida troca de informações e materiais (arquivos, impressos, gráficos).

Falar, contudo, é mais fácil que fazer. O mundo dos eventos é como a previsão do tempo: muda a todo instante. É palestrante que perdeu o voo; é o outro que não tirou o visto; é o tema da palestra que mudou na última hora. As certezas costumam ser poucas; os imprevistos, muitos. Flexibilidade será sempre a palavra-chave. Além disso, entre conferencistas, assim como entre intérpretes, é variável o grau de experiência e simpatia. Nem todos se dispõem a conversar com os intérpretes, ou o fazem de má vontade. Também há intérpretes que imaginam que sua função é ser ouvidos, e não vistos, mas este é apenas mais um dos mitos associados à interpretação simultânea, como veremos. Compreendida como instância de comunicação, onde a ordem é interagir para a transferência de conhecimentos e informações, os velhos elementos humanos do diálogo e da interação pessoal adquirem importância crucial.

Na maioria dos casos, haverá boa vontade de ambas as partes para uma conversa e um alinhamento de expectativas antes da palestra. No mínimo, pode-se provocar, e dar por certa, uma boa troca de e-mails algum tempo antes da apresentação. E em geral, experiência, segurança e disponibilidade caminham de mãos dadas. Quanto mais experiente e celebrado o palestrante, mais disposto estará a conversar. Como em tudo na vida, vale a máxima que ouvi certa vez de um palestrante: "Quem importa não se importa. Quem se importa não importa!"

Já vi palestrantes destratarem intérpretes e depois abrirem sua conferência em espanhol querendo ser simpáticos a um grupo de ministros em Brasília. Também já vi intérpretes em posturas imperiais, talvez por acharem que lhes cabe tudo saber e nada perguntar, receosos de que a exposição os faça parecer menos competentes. Não há como garantir sucesso na abordagem, mas isso não é motivo para não tentar uma aproximação. E não se requer muito tempo. Um encontro de 15 minutos é suficiente para passar aos intérpretes vocabulário e informações que serão críticos durante a palestra. O colóquio também dará ao palestrante a chance de se informar sobre questões culturais relevantes ou piadas e comentários que devam ser evitados. Pode parecer pouco, mas esse quarto de hora faz uma enorme diferença. Pode salvar a palestra, poupando o público, o palestrante e os intérpretes de muitos constrangimentos.

POR ACREDITAR que meus estudos de alemão me qualificavam para resolver qualquer problema linguístico com facilidade, perdi a chance de curtir a paisagem suíça no trem que serpenteia entre Zurique e Weinfelden. Mas aprendi também, já em Constança, nos meses que se seguiram, que para o pleno êxito da comunicação o empenho precisa ser coletivo.

Apesar de proveitosa, foi frustrante minha primeira aula de suíço-alemão. Descobri que nesse dialeto fronteiriço, que eu nunca cheguei a entender, **ái** é **i**. Se houver alguma lógica, **i** deve ser **ái**. Como entrei logo na Alemanha, só não deu tempo de saber o que os suíços exclamam quando prendem o dedo na porta ou dão uma topada.

O Monstrengo no Fim do Mar

Q UANDO ZARPOU de Sevilha em 1519 à frente da Armada das Molucas, Fernão de Magalhães não sabia exatamente o que esperar. Tinha o impulso de navegar para oeste e a certeza de que assim chegaria às Índias. Se lá chegasse, saberia como retornar pela rota definida anos antes por Vasco da Gama, fazendo o contorno da África, e teria realizado um feito histórico: a primeira volta completa em torno da Terra.

Magalhães antecipava tormentas e desafios inusitados ao lançar-se por mares nunca dantes navegados. Por isso mesmo, muniu-se dos melhores recursos tecnológicos e humanos que pôde reunir. Levou ao mar uma frota de cinco embarcações, as quais guarneceu de provisões em quantidade exagerada, preparando-se para uma viagem cuja duração não podia estimar. Sob seu comando, viajava um contingente de 260 homens aliciados pela promessa de glória e fortuna como redenção de uma vida miserável.

O Capitão-mor enfrentaria também outros desafios além do mar e das prováveis agruras das latitudes sul. Ousara desafiar séculos de pretensa ciência religiosa, que acreditava que ele, a despeito de sua convicção, intentava o impossível. Ao fazer-se ao mar, o navegador português, a serviço do rei da Espanha, assumiu a responsabilidade de determinar algo além da rota ocidental para as Índias. Teria que comprovar a insensatez de muitas superstições medievais. As lendas falavam de marujos consumidos em águas ferventes abaixo do Equador e de embarcações destruídas por ilhas magnéticas capazes de arrancar os pregos do casco.

Fernão de Magalhães era um explorador resoluto, disposto

a morrer se preciso. Mas era também um homem de seu tempo e não estava imune a essas superstições. Às portas do desconhecido, armou-se de coragem e esperança e zarpou. Mas não partiu sem medo.

Mitos e superstições derivam em parte de ignorância e temor. E, em parte, de astúcia e manipulação, para fins de controle. Em ambos os casos, o medo genuíno — ou aquele que se inspira — é fruto do desconhecimento. E tudo aquilo que desconhecemos tende à mistificação ativa ou passiva, seja em resultado de nossa própria ignorância, seja por ação deliberada de quem conhece mais que nós. No caso da tradução simultânea, a mistificação é resultado das duas coisas. De um lado, há total desinformação quanto às táticas e aos atributos que a tornam possível. De outro, um conjunto de mitos e equívocos conceituais fomentados pelos próprios intérpretes.

Um desses mitos diz, por exemplo, que a tradução simultânea é e será sempre mais difícil que a consecutiva. E quem nunca entrou em cabine costuma acreditar nisso. Mas depois de vencer o medo e dominar os recursos da simultânea, ninguém mais quer voltar à outra técnica. E por quê? Porque é desagradável ficar de pé por várias horas, sobrecarregando sua memória com frases quilométricas antes de poder despejá-las em outra língua, quando finalmente o conferencista fizer uma pausa. É constrangedor ficar exposto aos olhares curiosos do público, que a certa altura, entediado com a palestra, tem na crítica ao intérprete o álibi perfeito para poder divagar sem tirar os olhos do palco.

A tradução consecutiva expõe demais o intérprete. Além

dos atributos linguísticos, o profissional precisa ocupar-se de todos os aspectos visíveis de sua apresentação: seus trajes, seu penteado, seu asseio, sua postura. Precisa, também, confiar um bocado em sua memória imediata. Deve ter boa presença de espírito e grande capacidade de improvisação no caso de cometer um erro ou deparar-se com algo que não compreendeu. Assim, só quem nunca fez simultânea continua preferindo a consecutiva.

Tradução simultânea não é só arte e improviso. É também ciência e método. Por vezes, pode haver qualquer coisa de quântico e mediúnico, mas uma 'incorporação' bem-sucedida requer um esforço bem conduzido de preparação e uma dinâmica de dupla bem azeitada. Requer a mais absoluta concentração, sem perder de vista qualquer elemento periférico de comunicação: os gestos do colega, a reação da plateia, o texto dos slides, a linguagem corporal do palestrante. Imerso nessa atenção, ciente de sua responsabilidade, familiarizado com o jargão específico e na companhia de um colega consciencioso, o intérprete parece mesmo relaxar e entrar em transe. Mas sua mente está sempre ativa. Sua atenção é constante. Na busca entre uma palavra e outra, está a todo momento aplicando um grande número de táticas, consciente ou inconscientemente.

As chamadas táticas de sobrevivência em cabine incluem coisas quase automáticas como, por exemplo, introduzir termos genéricos para simplificação do discurso: 'United Nations' vira 'ONU', 'International Monetary Fund' vira 'FMI', 'pyruvate dehydrogenase' pode virar, simplesmente, 'a enzima em questão'. Outro recurso comum consiste em manter uma palavra na língua original até que se chegue à melhor equivalência linguística, na esperança de que o termo surja novamente na palestra. Se for importante, certamente aparecerá muitas vezes e será traduzido a contento. Se não for, não terá sido assim tão mau deixar na língua original.

Mas há também coisas menos óbvias que os intérpretes fazem muito. Um recurso perigoso, mas não de todo infrequente, é a chamada reconstrução pelo contexto, em que se compensa a perda eventual de alguma palavra ou ideia com a apresentação do corolário da construção semântica produzida até ali. Nessas horas, entram em cena, além da habilidade linguística e da improvisação, o conhecimento extralinguístico, ou seja, o conteúdo que já se detenha em relação à matéria traduzida ou o conhecimento que se tenha haurido até ali em decorrência da própria conferência.

Outra tática é alterar a ordem dos itens de uma enumeração. O intérprete vem atrasado na construção de uma frase e de repente percebe que o palestrante entrou por uma listagem do tipo: Brasil, Canadá, Venezuela, França, Alemanha, Croácia, Itália, Grécia, Filipinas, Nova Zelândia e Austrália. Antecipando que terá de lotar sua memória imediata com aquele monte de termos, ele guarda de cabeça os dois ou três nomes já pronunciados, salta-os e vai direto aos próximos, traduzindo-os imediatamente. Ao fim da listagem, volta e recupera os primeiros que havia armazenado na memória. Se faltar algum, um colega de cabine atento certamente o terá anotado.

Mas se apostar apenas na arte é um equívoco, erro igual é considerar a tradução um mero apanhado de técnicas e procedimentos, um ofício impessoal onde não têm entrada a personalidade, a criatividade, a espontaneidade e o estilo de comunicação de cada um. É o mito da impessoalidade, que determina uma invisibilidade, uma isenção impossível de se alcançar. Essa noção é bem expressa na frase, que já ouvi de alguns colegas: "A função de um bom intérprete é ser ouvido e não visto"!

Que bobagem! O contato entre intérpretes e palestrantes é parte fundamental na preparação da palestra. E não só é possível como altamente desejável, algo por que muitos palestrantes anseiam, tanto quanto os intérpretes. O conferencista experimenta sempre algum tipo de ansiedade antes de sua apresentação, por mais tarimbado que seja. E parte dessa inquietação pode ter origem na incerteza em relação a como suas palavras serão transpostas em uma outra língua. Lembre-se de que é grande o poder do intérprete de abrilhantar ou empobrecer a palestra. E o palestrante sabe disso! Portanto, nada melhor que uma conversinha antes, durante e depois do evento, para relembrar a todos o objetivo de estarem ali: a comunicação.

Certa vez, depois de autorizado pelo cliente, tomei a liberdade de ligar para o hotel e incomodar o principal palestrante, que abriria uma conferência importante no dia seguinte com um discurso do qual não se tinha a menor informação. Apresentei-me de modo breve, desculpando-me pelo eventual inconveniente e consultando-o sobre a possibilidade de obter uma cópia de seu pronunciamento ou algum material de referência. Ele me agradeceu sem grande entusiasmo e se prontificou a deixar uma cópia do documento na recepção.

Quando passei para apanhar o discurso, encontrei um irlandês aberto e solícito, bem diferente da estrela aborrecida que os organizadores do evento haviam projetado. Entre dois chopes, conversamos animadamente sobre sua palestra e, depois, sobre política, futebol e literatura. Logo estávamos contando piadas. Ao fim de 40 minutos, nos separamos alegremente.

No dia seguinte, o convidado abriu sua palestra exatamente com uma das piadas que me contara e cuja tradução só foi possível graças às muitas adaptações discutidas no *happy-hour* da noite anterior. O discurso que se seguiu era de fato um tanto aborrecido, mas a essa altura o público já rira o suficiente. Com isso, estabeleceu-se entre palestrante e plateia um laço de simpatia que aumentaria enormemente o impacto do recado dado a seguir. Os nós que sustentaram esse laço haviam sido todos alinhavados em nosso encontro. E ajudaram a amarrar perfeitamente a palestra. Humor bem traduzido sempre funciona. Já abrir mal uma conferência, com piadas incompreensíveis e digressões inadaptáveis, queima o filme de todo mundo.

Falemos agora de alguns mitos pretensamente técnicos. Como os demais, resultam de desconhecimento, quando não de exageros e mistificação proposital. É comum, por exemplo, as pessoas que não conhecem tradução simultânea imaginarem que o intérprete não pode errar e que qualquer falha será fatal, um desastre completo e inescapável, o fim do evento, o fim da carreira. E eu lhe asseguro que todo intérprete já errou, erra e continuará errando. Nem todos admitirão, é verdade, mas é impossível não errar.

A infalibilidade imaginada pelo público leigo e neuroticamente perseguida por alguns colegas reflete a insegurança que deriva da perda do sentido de pertença, da impressão de ser um intruso na festa, um guarda-costas assustado sujeito a matar ou morrer, sempre à sombra do insólito. Acreditar nisso, sentir-se assim, é crer que a interpretação seja sempre o exercício do impossível, arte malabarista ou trapézio sem rede. Pior que isso: é crer-se sozinho no picadeiro como um palhaço a fazer caretas para arquibancadas vazias ou um cristão lançado aos leões na Roma Antiga.

Mas, no mundo dos eventos, nunca estamos sozinhos. Há sempre um colega de cabine para dividir conosco os louros e os micos. Também temos o suporte dos próprios organizadores, dos conferencistas e, por que não dizer, do próprio público.

Ia eu embalado certa vez na tradução de uma palestra para uma sala lotada de otorrinolaringologistas, em Natal, RN, quando percebo um agito na plateia, com um bilhetinho passando de mão em mão até chegar à cabine. Nele, o seguinte recado: "Não é célula capilar, é célula ciliada".

Belo puxão de orelha! Mas não me fiz de rogado. Na ocorrência seguinte do termo em inglês — *hair cell* —, insisti na tradução equivocada e emendei um remendo:

Portanto, a célula capilar — que aliás, o intérprete acabou de aprender, é célula ciliada, obrigado! — cumpre tais e tais funções...

Pronto. O povo entendeu e até achou graça. Não perdi o emprego e posso garantir que nenhum paciente até hoje morreu em consequência daquela palestra.

A questão do erro é complexa. Para começar, há vários tipos de erro. Suprimir um adjetivo numa sequência de cinco ou seis qualificadores é um erro, uma omissão, mas não chega a comprometer o entendimento. Pode empobrecer um pouco a conferência, mas também pode conferir-lhe mais concisão. Se o erro é do conferencista, o intérprete se vê diante de outro dilema: corrigir ou não. Se corrige e simplesmente diz a coisa certa, limpa a barra do palestrante ao mesmo tempo em que se protege. Por outro lado, como não está se dirigindo a todos na plateia, corre o risco de dividir o público. Durante um intervalo ou ao fim da apresentação, alguém vai acabar comentando o ocorrido e descobrindo que na verdade os dois — palestrante e intérprete — erraram. Se, por outro lado, o intérprete decide não corrigir, corre o risco de acharem sempre que o erro foi dele.

Corrigir-se, além do mais, é complicado. Exige experiência e *timing*. Dizer simplesmente 'perdão' ou 'melhor dizendo' pode resolver o problema de conteúdo, mas passa a ideia de que o erro foi do conferencista e de que é ele quem se desculpa. Esse recurso não passa despercebido aos intérpretes mais experientes. A maioria deles algum dia já se aproveitou disso, deixando no ar pelo menos a dúvida. Não chega a ser nenhum crime, mas se o erro é sério, é sua obrigação desfazer o equívoco, falando sempre na terceira pessoa durante a *mea culpa*. Essa fuga momentânea ao papel de *alter ego* do palestrante é importante exatamente para protegê-lo. Expõe um pouco o intérprete, mas também lhe dá a chance de se redimir e sair por cima. Admitir um erro denota segurança. Repará-lo denota consciência.

Um último mito, muito usado como argumento de venda, diz respeito à experiência cumulativa dos intérpretes. Assim como os pilotos, os intérpretes mensuram sua experiência em dias e horas de atuação. Quanto mais horas de voo, mais experiente o piloto; quanto mais horas de cabine, mais competente o intérprete.

Faz sentido, mas há limites para esse raciocínio. Na interpretação, como em qualquer outra disciplina, vale a chamada curva de aprendizagem, que correlaciona o desempenho ao fator tempo. No caso dos intérpretes, os números da curva, segundo observações empíricas, são os seguintes: aprende-se muito nos primeiros 150 dias de interpretação. A partir daí, a subida fica mais fácil e vai-se amainando rumo ao topo, que se alcança geralmente depois de 500 dias. Alguns milhares de horas mais tarde começa a descida, que ao final também é bastante íngreme.

Assim, na comparação entre um intérprete com 50 dias de cabine e um monstro sagrado que some mais de 1.000, a balança certamente penderá em favor do segundo. Mas imaginar que alguém com 1.500 dias de cabine seja três vezes melhor que um outro que acumule 'apenas' 500 dias de trabalho é um erro.

Os intérpretes têm uma jornada padrão de seis horas. E salvo raríssimas exceções, não trabalham todo dia, de carteira assinada, das 8h às 18h. São, em sua esmagadora maioria, autônomos. Sua frequência em cabine dependerá de fatores como línguas de trabalho, domicílio profissional e número de concorrentes. No caso de uma língua bem requisitada, como o inglês, o profissional geralmente se dá por satisfeito com 120 dias de trabalho por ano. Então é só fazer as contas. Para acumular os primeiros 150 dias de experiência serão necessários uns três anos pelo menos, já que no início de carreira costuma-se trabalhar menos. E para atingir o nível de excelência, será preciso labutar outros três anos no mínimo.

Assim, deixando de fora as excepcionalidades, a faixa de segurança na contratação de intérpretes, no que respeita sua experiência, gira em torno dos cinco anos, pelo menos. Quem se apresentar a você como virtuoso antes disso, estará apostando em seu desconhecimento desses números. E os mais experientes que quiserem ludibriá-lo a crer no quanto mais melhor certamente estarão empurrando para cima de você esse desconhecido mito do ofício. De um modo ou de outro, estarão apostando em sua ignorância.

E é pondo fim à ignorância que iremos aos poucos dissipando esses equívocos históricos. Ficarão pelo caminho à medida que mais conhecimento se disseminar a respeito da interpretação simultânea.

Contra as trevas não adianta praguejar. É melhor acender uma vela. Nossos medos, os fantasmas de nosso tempo, devem ser desafiados, um a um. Disso depende nosso crescimento individual e coletivo. Ocasionalmente, poderão nos surpreender por seu poder, mas na maior parte das vezes serão velhos conhecidos.

DOS CINCO NAVIOS que partiram para a volta ao mundo, somente a nau Victoria, a segunda menor embarcação da frota, retornou. Trazia a bordo apenas 18 dos quase 300 homens que partiram de Sevilha três anos antes. Fernão de Magalhães não estava entre eles.

Antes e depois de descobrir e ultrapassar com perícia o estreito que hoje leva seu nome, Magalhães se deparou com inimigos nada imaginários. Viu-se às voltas com motins sangrentos, os quais sufocou com tirania e habilidade política. Fora o escorbuto, cuja causa só seria descoberta três séculos mais tarde, todos os adversários que enfrentou eram conhecidos, mas nem por isso menos poderosos: a violência das ondas e das tempestades, a ira de marujos amotinados, a distância e a fome.

O Capitão-Mor nada encontrou das águas fervilhantes e

das rochas magnéticas. Quando por fim morreu, a meio do caminho, não foi por conta de nenhum fantasma ou mito medieval. Sucumbiu à sua própria imprudência ao agredir uma tribo nas Filipinas, numa estúpida e frustrada demonstração de força.

Magalhães não completou a volta ao mundo, mas seu nome ficou eternizado como o primeiro a circum-navegar o planeta. O piloto que trouxe ao porto a nau Victoria fora um dos amotinados e desafetos do Capitão-Mor. De volta à Espanha, amealhou fortuna. O principal intérprete da expedição não foi nenhum acadêmico e estudioso das línguas do Índico, mas o escravo Henrique, adquirido por Magalhães anos antes em Málaca.

Ao desafiar as tradições e os mitos, a Armada das Molucas pagou um alto tributo. Destruiu quatro naus e matou centenas de homens. Fez-se ao mar de modo vacilante, e foi, por muitos critérios objetivos, um grande fracasso. Mas nada disso a impediu de mudar a história.

Liberdade e Servidão

VINTE E SETE ANOS antes de Fernão de Magalhães, Cristóvão Colombo já se aventurara ao mar com propósito idêntico. Cruzado o Atlântico, julgou ter alcançado as Índias, e por isso mesmo chamou de índios os nativos que encontrou no continente americano que sem saber descobrira.

Ao chegar de volta à Espanha após a viagem bem-sucedida do descobrimento, teve enorme dificuldade em explicar o curso tomado por sua frota até as terras hoje caribenhas. Por mais que tentasse explicar a esfericidade da Terra, as pessoas insistiam em perguntas fundadas em um paradigma que, ignoravam, havia sido sepultado para sempre:

— Mas, seu Colombo, — dizia a elite pensante do Velho Mundo — o que o senhor fez quando chegou à borda da Terra?

E Colombo, paciente, explicava:

— Não! Nós provamos que a Terra é redonda! Não existe borda!
— Sei — repetiam os nobres. — Mas... diga, o senhor gastou muito tempo nos preparativos para enfrentar a borda do mundo?

E Colombo, na mesma tecla:

— Não. Não existe borda! A Terra é redonda. O percurso é circular.
— Circular... ã-hã... — titubeava a corte — mas... diga... Como é a sensação de despencar lá de cima? Como sobreviveram ao tombo?

E o pobre Cristóvão passou os meses seguintes tentando explicar a nova realidade à turma. Os argumentos simplesmente não penetravam a couraça do velho paradigma europeu, segundo o qual a Terra era plana, e o mar, limitado por um abismo. Quem chegasse perto seria tragado despenhadeiro abaixo, e a morte seria certa.

O mundo da interpretação vive uma situação análoga, com a introdução de um novo e conflitante paradigma.

Com a popularização das tecnologias de comunicação e transporte, as distâncias encurtaram. Com a Internet, as teleconferências, o avião a jato, o mundo ficou menor e o intercâmbio, mais intenso. O contato entre culturas antes separadas por oceanos intransponíveis e distâncias quase astronômicas é hoje lugar-comum. A expressão 'aldeia global' perdeu seu caráter metafórico em favor de uma conotação puramente descritiva. A identidade cultural dos países, por séculos um atributo que se confundiu com a configuração demográfica e étnica de seu povo, está em franca mutação, graças ao crescimento dos fluxos migratórios sobre fronteiras.

O mundo tende à pluralização, a uma forma saudável de diversificação em que nações e agrupamentos étnicos ganham em diversidade sem prejuízo de sua peculiaridade. É enorme o número de imigrantes espalhados pela Flórida e outros estados americanos. É extraordinária a colônia de brasileiros radicados no Japão. O Brasil também foi enriquecido pelos japoneses que lá aportaram em grande número desde meados do século 20. Caminhamos rumo ao multiculturalismo, à miscigenação, a uma crescente exposição a outros universos culturais. Nosso pequeno grande mundo, a tal aldeia global, tende à homogeneização. Aqueles países distantes, que identificávamos no mapa com um sentido de reverência, viraram cômodos de uma mesma casa. E o contato entre os habitantes desse novo lar é hoje muito mais frequente.

Há uma revolução em curso; um novo mundo além da borda. Diante dele, a interpretação simultânea viu-se obrigada a crescer e transbordou os limites de seu berço diplomático. Emancipou-se. Expandiu-se para além das organizações internacionais e militares que a viram nascer. Continua presente na ONU, nas instituições europeias, no Departamento de Estado americano, mas popularizou-se também. Chegou à reunião de pais e mestres da escola de nossos filhos; ganhou as feiras e pequenas reuniões de negócio; adentrou fábricas e linhas de montagem, somando ao ruído das máquinas a melodia de muitas línguas; penetrou no vestiário dos clubes de futebol, onde técnicos estrangeiros fazem preleções com o auxílio de intérpretes para atletas de diferentes continentes. O mundo se comunica como nunca. Congressos, seminários e encontros técnicos se multiplicam. E às reuniões presenciais somam-se as tele- e videoconferências.

Nosso ofício vem-se tornando cada vez mais tecnológico, com plataformas que proliferam e inovam a forma de se entregar a interpretação, com palestrantes, intérpretes e participantes conectando-se virtualmente de diferentes pontos do mundo.

Em 2017, juntei-me a três outros colegas para criar uma dessas plataformas, a KUDO, que vem expandindo os horizontes de atuação para fornecedores e compradores de serviços de interpretação desde então.

Três anos mais tarde, com a pandemia do novo

coronavírus e a suspensão de eventos presenciais, organizações de pequeno e grande porte viram-se obrigadas à busca de alternativas para suas reuniões internacionais. E encontraram em plataformas como a KUDO um meio de manter seu calendário de eventos, com segurança e profissionalismo, além de pleno apoio linguístico.

Por meio de um treinamento online gratuito, mais de 7.500 intérpretes profissionais já foram certificados no uso da plataforma. Superaram a perplexidade, romperam a imobilidade e estão trabalhando tanto quanto antes. O console de intérpretes foi substituído por um computador pessoal, e a cabine agora é qualquer lugar que disponha de boa conectividade e isolamento acústico. Mudou tudo pra continuar como estava.

Contudo, as primeiras gerações de intérpretes, que sentaram âncora no mar da interpretação de cinquenta anos atrás, relutam em aceitar a mudança e as novas exigências que ela introduz. Insistem em uma visão de mundo forjada no pós-guerra e reforçada por períodos de vacas muito gordas, hoje esquálidas. Continuam achando que se os ganchos se soltarem do fundo o tombo abismo abaixo será certo.

Não é a primeira mudança tecnológica que testemunhamos na interpretação, e de outras vezes a resposta não foi diferente. Três quartos de século atrás, a proposta de introdução da técnica simultânea em Nuremberg –e mais tarde na própria ONU—foi recebida com resistência pelos intérpretes célebres de então. O próprio André Kaminker, a despeito de sua bem-sucedida experiência na interpretação de Hitler uma década antes, era cético quanto à habilidade de seus colegas. Sustentava ser impossível a alguém falar, ouvir e ao mesmo tempo traduzir de um idioma a outro sem a possibilidade de pausas, por longos períodos de tempo. Partilhava com alguns de seus contemporâneos a suspeita de que o esforço exigido na simultânea pudesse causar danos cognitivos e emocionais irreparáveis.

Além de reservas quanto à tecnologia, a velha guarda da interpretação no pós-guerra via com desconforto a introdução de uma tecnologia que empurrava para o fundo da sala intérpretes acostumados à glamorosa proximidade aos palestrantes e líderes a que davam voz. Com indisfarçável desdém, chamavam de 'telefonistas' os estudantes que aceitaram o desafio. Com menos idade e experiência, e sob risco reputacional comparativamente menor, os jovens recrutados para a tarefa identificaram uma rara oportunidade de adentrar o hermético mundo da interpretação. Aproveitaram a pequena fresta na parede e abriram ali uma porta pela qual passariam todos, entusiastas e detratores. Ousaram desafiar o senso comum e desconsideraram conselhos de aparente sensatez. Submeteram a tecnologia e a si mesmo a teste, e com isso afirmaram e nos legaram a técnica simultânea.

Setenta e cinco anos depois, o mar muda outra vez e dá novos contornos ao mapa e à realidade. A nau que até ontem singrava serena os mares da interpretação de repente ficou à deriva, e os timoneiros agora coçam a cabeça vendo a baía subitamente tomada por embarcações menores, mais ágeis, em águas que aos poucos vão-se separando em cores diferentes. De um lado, uma nova geração de profissionais afeitos à tecnologia, dotados de grande autonomia e mecanismos próprios de sobrevivência. De outro, herdeiros de uma visão conservadora, com ideias cristalizadas quanto ao que deve ser o ofício da interpretação.

Essa divisão, em alguns casos, é acirrada por associações profissionais de intérpretes, algumas delas quase tão antigas quanto a interpretação simultânea e, tanto quanto esta, um legado do pós-guerra. As associações fizeram muito pela profissão, inegavelmente. Permitiram que a interpretação se estabelecesse como ramo profissional. Lutaram pelo reconhecimento de condições dignas de trabalho, códigos de classificação linguística e de conduta profissional. Disseminaram as primeiras informações sobre o ofício e combateram firmemente os muitos preconceitos vigentes à época de seu surgimento. Merecem o nosso aplauso.

Mas na avaliação de tendências tecnológicas e mercadológicas as associações costumam ser lentas e podem perder-se na discussão de detalhes ou na tentativa de parametrizar as novas tecnologias a partir de critérios fundados no paradigma anterior. Sem falar na crença de que este voltará a se impor se soubermos resistir por tempo suficiente. Ao desencorajarem a experimentação, impondo critérios impossíveis e acenando com a possibilidade de danos irreparáveis, correm o risco de atrasar um processo de adaptação que deveria ser célere.

É cedo para dizer se as tecnologias e tendências que se impuseram em resposta à crise da COVID-19 manterão a forma atual. Quando e se o mundo voltar a ser o que era, quando novamente pudermos nos reunir presencialmente em grande número, veremos aos poucos os intérpretes voltando às cabines. Será motivo de júbilo. Há algo insubstituível no contato interpessoal, e nossa memória como espécie está intrinsicamente ligada à disposição de reunir-nos ao redor do fogo ou em salas de conferência para ouvir e partilhar histórias, na longa tradição oral que nos trouxe até aqui através das eras.

Mas as restrições ao turismo e ao livre trânsito de pessoas sobre fronteiras poderão permanecer por muito tempo mais. O lastro psicológico, gravado de modo indelével em toda uma geração, certamente também se traduzirá em maior prudência. Novos padrões de comportamento surgirão e provavelmente iremos testemunhar a popularidade de eventos híbridos, com as novas tecnologias de interpretação remota funcionando em paralelo a sistemas convencionais. Parte dos delegados voltará à sala e ao convívio dos intérpretes. Mas a versatilidade dos novos sistemas e a evidência de que é possível reunir-se com interpretação simultânea independente de localização geográfica terão sido assentadas. Do cinzeiro da trágica pandemia de 2020 surgirá um mundo novo e diferente, e com ele intérpretes novos e diferentes.

Diante de um mundo em constante mudança, costumamos responder melhor coletivamente. O ser humano é um animal gregário para quem o instinto associativo é característica intrínseca. Somos animais sociais e funcionamos melhor em um grupo que nos permita partilhar preocupações, proteger-nos mutuamente e buscar soluções a problemas comuns. A solidariedade é uma pulsão natural em nós, catalisadora e resultado de nosso processo evolutivo. Mas a individualidade também nos é cara, e o impulso de autopreservação, de conservação de nossa integridade e de nosso livre arbítrio, tem raízes profundas e atávicas em nossa evolução.

Privados de liberdade, vamos aos poucos nos transformando na pior versão de nós mesmos. Nesse contexto, a autonomia é inegociável e tem precedência sobre qualquer solidariedade cuja imposição nos subjugue.

Permita-me concluir com alguns conselhos simples e pragmáticos. Busque o convívio de seus colegas e partilhe abertamente conhecimentos e oportunidades. Mas não negocie sua individualidade e seu livre-pensar em troca de alegado prestígio ou alguns dias a mais de trabalho. Adapte-se. Mude com o mercado e a vida. Antecipe-se às novas tendências e explore-as sem medo e sem tutelas. Lembre-se de que as generalizações —inclusive as que fiz aqui— são sempre perigosas e geralmente injustas. Analise cada caso em particular à luz de sua experiência pessoal. Faça as contas e fuja de qualquer grêmio que questione a aritmética básica que você aprendeu na escola: dois e dois sempre serão quatro, a despeito do que diga a elite pensante do Velho Mundo.

O VELHO PARADIGMA nunca entenderá o novo. Precisa morrer e frequentemente morre vítima de sua própria miopia. Já está morrendo. O que se ouve é a balbúrdia de marinheiros empurrados contra a amurada de uma embarcação que soçobra. Os mais ágeis que tomem um bote salva-vidas e remem na direção dos novos portos. Quem preferir, que empunhe no ar seus remos qual tacapes e os arremessem contra as ondas tão injustas que ousam agitar as águas até ontem plácidas dos mares da interpretação.

Guerra e Paz

UNS VINTE ANOS ATRÁS, um chiste interno ao meio da interpretação dizia que dois intérpretes só concordarão em uma coisa: que o trabalho de um terceiro não é lá grande coisa.

A piada aumenta, mas não inventa. Esse ranço vem de longe. "A tradução é ofício sempre sujeito ao ladrar dos detratores", já afirmava há 16 séculos um dos mais respeitados teólogos e intelectuais da Antiguidade, o mais célebre dos tradutores. É dele a versão latina da Bíblia, a Vulgata, trabalho monumental que lhe consumiu cerca de 20 anos, não só na interpretação do sentido das escrituras, mas também no árduo esforço para dominar o hebraico e o aramaico, a fim de traduzir direto dos originais, sem a ponte do grego. Após sua morte, foi canonizado e popularizado na fé católica como São Jerônimo. Não sem razão, passou para a história como o santo padroeiro dos tradutores, celebrado anualmente no dia 30 de setembro.

Jerônimo pode ter sido santificado depois de morto, mas em vida foi dono de um temperamento irascível. A seu talento para as línguas correspondia uma habilidade não menor para envolver-se em confusões e colecionar adversários. Com eles trocava farpas sobre questões teológicas e tradutórias. Privou da intimidade de papas e senadores, a quem recorria com frequência para arregimentar proteção ou insuflar-lhes o ânimo contra algum desafeto.

Sua história está documentada nas muitas cartas que escreveu e recebeu, compiladas sob o imponente título de *Corpus Hieronimianum* Entre os muitos destinatários de suas missivas, incluem-se o também santo Agostinho, os papas Dâmaso e Epifânio e o senador romano Pamáquio, com quem Jerônimo manteve longa amizade. A este último dirigiu, entre outras, uma correspondência que viria a eternizar-se como a Carta Magna dos tradutores. Nesse texto, Jerônimo se defende de injúrias de outro linguista ilustre, o também tradutor Rufino, que o acusara de infidelidade ao traduzir para o latim uma importante carta do Papa Epifânio.

Na tradução da carta objeto da celeuma, Jerônimo confessa ter adotado um tom informal, adaptando-a ao nível de abstração do amigo que lhe encomendara o serviço. Mas os detratores de Jerônimo, supostamente a mando de Rufino, surrupiaram o texto e não tardaram a divulgá-lo, dando publicidade ao que classificaram como imperícia ou malícia do tradutor na perversão do original.

Injuriado, Jerônimo escreveu a Pamáquio, fiado em que o conhecimento de latim e grego do interlocutor lhe faria justiça. A carta ao senador foi uma defesa jurídica perfeita. Jerônimo invoca ninguém menos que os profetas e evangelistas — que ele tão bem conhecia — para mostrar que em várias passagens também esses homens santos fugiram à literalidade, permitindo-se adaptações que em nada comprometeram a pureza de seu intento. A Carta a Pamáquio é riquíssima em informação e estilo. É a afirmação mordaz da erudição e competência de Jerônimo como tradutor, uma defesa apaixonada da boa tradução, que, segundo ele, deve "exprimir sentido por sentido, e não palavra por palavra". Mas lança luz também sobre a contumácia da crítica, sobre o despeito e outros sentimentos frequentes entre os tradutores de então. De lá pra cá, nem tudo mudou, e crítica e tradução continuam andando juntas.

Traduzir é sempre um exercício imperfeito, em que

tentamos transpor para outro universo semântico ideias e sentimentos que não são nossos. Em um tal processo, o resultado será sempre alvo potencial de censura e dissenso. Na tradução, fazemos mais do que simplesmente buscar sinônimos. Somos forçados a interpretar, a intuir o sentido de passagens por vezes dúbias. Fazemos escolhas a todo momento. Elegemos. Tomamos decisões. E com isso, naturalmente, nos arriscamos ao erro.

A primeira censura pode partir do próprio autor ou cliente. Salvo as exceções que justificam a regra, um redator relutará até onde for possível antes de admitir falhas em seu original. E se o impacto não foi o mesmo em outra língua, a culpa certamente terá sido do tradutor. Na dúvida, consulte-se outro, um segundo, um terceiro linguista. Entra em cena a figura do revisor e, com ela, novos julgamentos, um novo estilo, novas preferências, novas escolhas, novas alterações. E no meio disso tudo, muitas críticas à tradução original. Todos em busca de uma perfeição que não existe.

Por muitos séculos, e até bem recentemente, traduzir foi um exercício solitário, um processo introspectivo de reflexão e decisão. Daí não haver surpresa em que o resultado de um trabalho assim produzido, com ponderação e envolvimento, guarde tanta relação com seu autor. Seu texto é o resultado não só de sua habilidade linguística e sua técnica, mas de atributos de sua personalidade. Tomo emprestado, a esse respeito, as considerações de um artigo da ensaísta americana Susan Sontag: "Escolhas muitas vezes consideradas meramente linguísticas sempre supõem princípios éticos, o que tornou o ofício de traduzir veículo de valores como integridade, responsabilidade, fidelidade, ousadia e humildade". Assim, um ataque ao texto pode soar como desaprovação de uma parte significativa das virtudes e da própria identidade do tradutor, uma invasão, uma violência. Uma crítica mais ácida ou mal fundamentada pode doer como uma bofetada.

Hoje em dia, a sensação de isolamento na tradução é menor. O trabalho continua a exigir introspecção e a determinar uma enorme dose de vinculação da personalidade do tradutor. Mas com o advento da Internet, tradutores e intérpretes ganharam visibilidade. Mais que isso: ganharam uma comunidade. É abundante a presença de linguistas na rede mundial de computadores, em páginas pessoais, em portais de tradução, e sobretudo, em grupos do Facebook e outras mídias sociais como o LinkedIn. Há alguns anos, era comum também o agrupamento de tradutores e intérpretes em torno de listas de discussão. Uma delas, a trad-sim, criada por mim em 2001 e exclusivamente dedicada à interpretação simultânea em português, chegou a contar milhares de membros.

Nas listas de discussão e na mídia social é possível perceber com clareza o legado de Jerônimo. Milhares de tradutores e intérpretes interagem permanentemente, com os mais nobres propósitos: troca de experiências, auxílio mútuo, disseminação de glossários e oportunidades de trabalho. Mas, volta e meia, o caldo entorna e as discussões terminológicas dão lugar a ataques e censuras de aspecto menor, a picuinhas sem qualquer produtividade. O bate-boca virtual que se segue pode monopolizar a lista por semanas. É preciso disposição.

A tradução escrita talvez se preste mais à crítica que a interpretação, já que na primeira o registro é perene. Na interpretação, como já vimos, é diferente. Salvo raras exceções em que se grava o áudio do intérprete, o registro não vai além da memória de quem ouviu a versão. Nem por isso são poucos os conflitos entre colegas.

Há na interpretação um elemento performático que não se verifica na tradução. O intérprete, ainda que invisível e isolado em sua cabine, divide virtualmente o palco e os holofotes com o palestrante. É cocriador do espetáculo. É o artista por trás da 'mágica' da tradução instantânea. É a voz da suposta infalibilidade, da impessoalidade, da competência tão incompreensível ao público leigo. É o mito por trás do microfone, objeto de admiração e respeito (por que não?) de muitos na plateia. Em um contexto assim, pode não ser pequena a identificação do intérprete com sua versão, o grau de apego entre autor e obra.

A interpretação é, ainda mais que a tradução, um ofício sujeito a inclinações narcisistas e ao que os psicólogos chamam de regressão egóica. O intérprete precisa manter-se vigilante. Precisa lembrar-se a todo momento de que é de facilitador e coadjuvante sua função, não de protagonista. Não é em torno dele que gira o evento, muito embora essa percepção por vezes ganhe foros de verdade. Sua vigilância deve incluir também o aspecto da territorialidade. O intérprete nunca está só. Divide a cabine com outro colega, e entre os dois pode haver grande hiato de comunicação ou significativas diferenças de habilidade. Ainda assim, ambos dividirão os créditos pela tradução, trabalhando a quatro mãos, mesmo contra sua vontade. Eventualmente, um pegará carona nos elogios dirigidos ao outro, mas também amargará críticas por deslizes que não foram seus. A cabine pode se transformar, assim, em um ambiente de alta tensão, em que democracia e cooperação dão lugar a hierarquia e comando, a um cabo de guerra entre colegas, cada qual puxando a corda para si ou largando-a completamente, conforme a conveniência. Encontrar o ponto de equilíbrio na divisão do território é difícil. É particularmente complicado quando se considera a necessidade de fazer isso com o evento em andamento, sem deixar a peteca cair, sufocando frustrações para manter a necessária urbanidade. Exige profissionalismo e uma dose cavalar de auto-observação.

Felizmente, a interpretação é também um bom laboratório para experiências de autoconhecimento. Nossa cabine envidraçada nos propicia um camarote privilegiado de onde observamos as sutilezas de comunicação que nos definem a todos como racionais, nas palavras ditas, nas intenções reprimidas, na reveladora linguagem não verbal, em toda a grandeza e pequenez do gênio humano. Obriga-nos, por outro lado, a manter permanente vigilância sobre nosso discurso e nossas reações, refreando instintos, revendo preconceitos, exercendo todo o controle emocional de que sejamos capazes.

Já exploramos algumas das causas das desavenças mais ou menos frequentes entre intérpretes, mas há mais. No universo da interpretação, abunda a crítica e são raros os elogios. E a escassez crônica de *feedback* entre colegas reforça o ciclo de censura, com os intérpretes sempre se comparando ao parceiro do dia, e cientes, também, de que são objeto do julgamento silencioso do outro. Nesse exercício, vamos estabelecendo um referencial sempre comparativo de nosso desempenho. Ou seja, minha capacidade como intérprete — na falta de elementos objetivos de avaliação — estará sempre em função de um *benchmark* positivo a alcançar ou de uma referência negativa da qual procurarei me afastar. O problema é que, sem perceber, vamos projetando no colega, inconscientemente, tudo aquilo que nos desagrada em nosso próprio comportamento. Com isso, na maior parte das vezes, criticamos no outro, sem perceber, defeitos que sabemos existir em nós mesmos. Essa crítica projetiva, porém, valida-nos na medida em que dissimula a frustração que do contrário experimentaríamos.

Mas se retrocedermos novamente na história, veremos que talvez haja condicionadores mais sutis para a eventual animosidade entre intérpretes. A interpretação simultânea, de cabine, nasceu no pós-guerra e teve como sala de parto os tribunais de Nuremberg, em que foram julgados os nazistas acusados de atrocidades e crimes de indiscutível vileza durante a Segunda Guerra Mundial. Foi nesse ambiente de tensão e medo que surgiu a tradução simultânea. Foi esse o ponto da história em que convergiram a necessidade de comunicação envolvendo até 14 línguas diferentes e o aparato tecnológico que finalmente permitiu a transmissão de áudio a um grande número de pessoas 'simultaneamente'.

Os julgamentos de Nuremberg foram um marco em muitos sentidos. Primeiramente por estabelecerem o precedente que nortearia a conduta futura em outras situações de conflito e guerra. A maioria das pessoas imaginava que seriam apenas um teatro de dois ou três dias, com o julgamento dos acusados se dando com base no mero fato de serem nazistas. Mas não foi assim. Os procedimentos se estenderam por meses a fio e surpreenderam por sua isenção e imparcialidade, com direito de defesa garantido aos acusados, condicionando-se sua condenação à produção de provas de seu dolo.

Com a perspectiva de um julgamento longo, o recurso à tradução consecutiva prometia ser tedioso. A tentativa de um 'sistema telefônico simultâneo' havia sido feita sem grande sucesso pela Organização Internacional do Trabalho, em meados da década de 1930. Há registro, também, de outro sistema desenvolvido por André Kaminker, célebre intérprete desse período, que teria logrado fazer a tradução simultânea do primeiro grande discurso de Hitler, também em Nuremberg, para uma rádio francesa, em 1934.

Depois da guerra, o desafio de encontrar uma alternativa à tradução consecutiva em Nuremberg coube a Léon Dostert, que servira como intérprete ao general Eisenhower. Dostert estava convencido de que seria possível a uma mesma pessoa ouvir um discurso e transmitir a mensagem em outra língua ao mesmo tempo. Para ter certeza, deu início a uma intensa fase de experimentação. Seu trabalho foi em muito abreviado pela disposição da IBM de colocar em teste, gratuitamente, o sistema que vinha desenvolvendo desde a reunião da Liga das Nações, pouco antes. A empresa pedia apenas a cobertura das despesas de transporte do equipamento até a Alemanha.

Na nova versão do sistema, os fones de ouvido foram equipados com seletores para quatro canais, o que permitia à plateia alternar entre os idiomas oficiais em uso: alemão, inglês, francês e russo. Ciente de que o contato visual aumentaria as chances de êxito, Dostert cuidou para que os intérpretes fossem instalados em um 'aquário' bem próximo ao juiz e ao réu. Divididos em três equipes de 12 colegas, alternavam-se em turnos de 45 minutos, rigorosamente cronometrados, com direito a um dia de folga a cada dois trabalhados.

Funcionou direitinho, mas não é nada simpático lembrar

que foi de Hitler o primeiro discurso simultaneamente traduzido, prenunciando os horrores de um dos mais sangrentos conflitos da civilização. Tampouco é agradável lembrar que foi na esteira dessa guerra que veio à luz a interpretação simultânea, numa Europa devastada pela banalização da violência. Tão inusitados haviam sido o alcance e o grau das atrocidades, que uma nova palavra teve que ser cunhada para descrevê-las. Nuremberg inaugurou, além da interpretação simultânea, um nefasto neologismo: genocídio.

Não foi de amor ou poesia que falaram os primeiros intérpretes. Não foi doce o discurso que lhes alcançou os ouvidos. Foi de abuso e intolerância, de preconceito e arrogância que trataram nossos colegas, testemunhas e partícipes daquele sombrio episódio. Emprestaram seu talento à facilitação de um processo doloroso de reparação, de feridas profundas que mal começavam a cicatrizar.

É bom lembrar que os intérpretes também chegaram a Nuremberg com chagas psicológicas a curar. E como separar o intérprete do cidadão europeu, ele próprio sobrevivente da guerra, diretamente envolvido nos conflitos recém-encerrados? Como imaginar nações até ontem inimigas dividindo uma mesma cabine de interpretação? Manter-se isento não deve ter sido fácil. Em um interessante artigo publicado em 2000, Patrícia Vander Elst, uma das intérpretes presentes ao julgamento, relembra o estresse de viver por quatro meses em meio à ressentida população local, numa cidade reduzida a "um amontoado de entulho". Igualmente estressante, segundo ela, era o relato ininterrupto dos horrores durante as sessões, do qual só se lograva escapar por meio de total concentração no trabalho e constante vigilância: "No tribunal precisávamos manter-nos neutros, a despeito dos pensamentos que privadamente abrigássemos", relembra Patrícia, que à época levava o sobrenome Jordan.

Foi, assim, numa atmosfera de intolerância e ressentimento, de desconfiança mútua e ódio, que se pronunciaram as primeiras palavras em uma cabine de interpretação. Dezesseis séculos depois, a voz beligerante de Jerônimo, que propalava a reiteração de dogmas contra a heresia, encontra eco nos intérpretes modernos, conduzidos ao mundo da simultaneidade pela mão de carrascos nazistas e seus corregedores. Isso talvez lance nova luz sobre a vocação belicosa de nosso ofício e seus protagonistas.

Em nós, intérpretes, como em Jerônimo, a crônica impaciência e a eterna prontidão para o combate talvez sejam meros reflexos da luta por justiça e liberdade que, como seres humanos, ainda nos vemos obrigados a travar, tantos séculos depois. O legado de Jerônimo talvez seja maior que nós. Talvez não o possamos refutar. Talvez nos cumpra aceitar e admitir essa herança ambivalente de um santo e pecador. Talvez seja mesmo de sombra e luz o mundo dos intérpretes. Talvez seja impossível escolher apenas um lado da moeda. Ambivalentes somos todos, na interpretação. Ingênuos e maliciosos, puros e ardilosos, a perfeita efígie de Jano, o deus romano de duas caras, a fitar o futuro e o passado simultaneamente, símbolo mesmo da dualidade.

NÃO HÁ SANTO SEM PECADO. Não há pecador sem virtude. Essa ambiguidade entre o sagrado e o profano bem resume o eterno estar entre dois mundos que é a tradução. A exemplo de Jano, parte de nós olha para a frente, abraça e abençoa o desafio, a dialética, a diversidade e a pluralidade do universo; parte de nós amola suas facas e afia sua língua no escuro. Na defesa de nosso ego, identificado e definido no apego a nossa pena e a nosso ofício, talvez nos caiba apenas reconhecer a santa sabedoria de Jerônimo quando nos lembra uma última vez: "Aquele em que surpreendemos as astúcias da maldade não pode alegar retidão".

"Como é Que Você Consegue?!"

O CONGRESSO tem início com uma exposição em língua estrangeira.

O tema de alta complexidade é despejado em velocidade ainda mais alta, numa fala repleta de termos de ortografia incerta e conceitos completamente novos, a maior parte codificada em siglas. Para piorar, a conferencista insiste em piadas culturalmente específicas, em um humor totalmente inadaptável.

Acomodado no fundo do auditório, repito incontinenti cada palavra e cada ideia em minha própria língua. Simplesmente não posso parar de falar. Minha cabeça vai adornada por fones de ouvido e um microfone que me deixa com cara de pop star. Isolado do público por uma divisória de vidro, vejo-me exposto a espiadelas de um ou outro espectador que não se contenta em olhar só para a frente.

Finda a palestra, inicia-se uma animada sessão de perguntas, que me obriga a verter em língua estrangeira as dúvidas e inquietações do público, e de volta em português as respostas da apresentadora. Quinze minutos depois, o tiroteio linguístico é suspenso por um providencial intervalo para um café.

Exalo um suspiro enquanto pouso os fones sobre a mesa. Esgueiro-me para fora da cabine, e a sensação de liberdade é enorme. Caminho por entre as pessoas que lotam o saguão, ainda meio anestesiado e sem grande memória dos últimos 40 minutos. Junto ao bufê, vejo aproximar-se uma senhora. Tem nas mãos um receptor de tradução simultânea e na mente, ainda fresco, o som de minha voz. Pressinto a abordagem e procuro ler em seu rosto algum traço de insatisfação. Mas para minha surpresa ela quer cumprimentar-me pela clareza de minha versão. E ao elogio emenda uma pergunta que a inquieta desde o início da conferência:

— Como é que você consegue?!

Em seu instigante livro *Blink*, Malcolm Gladwell afirma que os seres humanos temos a tendência de inventar histórias na tentativa de explicar comportamentos inexplicáveis. Convivemos mal com a falta de justificativas racionais para o que fazemos. Fica um sentimento de inutilidade, a impressão de que os fatos são resultado do acaso, de que nosso desempenho é fruto de sorte. Sem poder tirar conclusões lógicas das evidências, sentimo-nos frustrados. E para fugir à frustração, criamos uma historinha. Aventamos uma hipótese e a transformamos arbitrariamente em fato. E depois passamos a acreditar no fato como forma de dar sentido a nossa experiência. Não agimos por dissimulação ou por sermos mentirosos. Fazemos isso apenas por sermos humanos.

Durante anos, Andre Agassi, um dos maiores tenistas da história, medalhista olímpico e um dos cinco atletas do mundo a vencer os quatro eventos do Grand Slam, creditou o sucesso de seu *forehand* a um quase imperceptível giro do punho no momento do ataque à bola. Mas a digitalização precisa de centenas de imagens desmente a tese. O movimento do punho só ocorre muito tempo depois que a bola já se afasta da raquete, ou seja, bem depois do golpe. Mas seria difícil convencê-lo de que não é assim. Sua convicção é fruto não apenas de elaboração racional. Ele sente assim. E, no entanto, se engana. A rotação do punho foi a história que ele inventou para si mesmo.

Na impossibilidade de uma explicação minimamente crível, caímos na superstição, na crença em algum poder superior ou no chamado sexto sentido. Gladwell cita o caso de um bombeiro, cuja intuição já o livrou de acidentes fatais em muitas oportunidades. Ele sempre abandona o local de uma explosão letal segundos antes da tragédia. Admirado, atribui seu sucesso à percepção extrassensorial de que acredita ser dotado.

Na interpretação, muito permanece por explicar. Não sabemos ao certo quais são os fenômenos neurológicos que tornam possível ao cérebro coordenar um número tão grande de processos. É como se a mente se dividisse, mas ao mesmo tempo nunca esteve tão integrada. E se de fato se divide, não se separa apenas em duas, mas em múltiplas mentes paralelas que se ocupam de milhares de tarefas concomitantes, das quais temos pouca ou nenhuma consciência.

Blink lança nova luz sobre esse interessante fenômeno. Advoga a tese de que há um inconsciente adaptável, que raciocina em alta velocidade, a partir de pacotes mínimos de informação. Esse inconsciente funcional — que nada tem a ver com o inconsciente descrito por Freud — é que permite que tomemos decisões instantâneas. Opera segundo mecanismos próprios, invisíveis e impalpáveis àquela outra parte de nosso cérebro que quer explicações para tudo. Mas trabalha por trás de uma porta fechada e trancada. É manhoso e reservado. Reage mal a invasões de sua privacidade e não entrega gratuitamente seus segredos.

Para bem funcionar, deve ser deixado livre. Não pode ser sufocado por análises racionais, e não admite que perguntemos por quê.

Os intérpretes estão sempre correndo contra o tempo. Vivem sob pressão. Na cabine, nem sempre podem se dar ao luxo de uma longa coleta de informações. Têm que fazer mais com menos. Precisam editar, limitar a oferta de alternativas, atalhar processos morosos de seleção. Precisam ser econômicos e objetivos. Precisam manter a frugalidade, como diria Gladwell. Essa mente adaptável inconsciente nos capacita a fazer exatamente isso.

Interpretar é tomar decisões, e a boa decisão depende não do volume de informações disponíveis, mas de nossa capacidade de extrair o máximo de significado mesmo da menor fatia de realidade. Isso é particularmente importante diante de limitações de tempo, processamento e conteúdo. É algo que fazemos intuitivamente, por experiência, sem 'pensar'. É o que acontece com as simpatias ou antipatias gratuitas que nutrimos por determinado assunto ou pessoa. Podem parecer aleatórias ou pura implicância. Contudo, se procurarmos bem, encontraremos um núcleo de informações invisíveis que condiciona nossas primeiras impressões. Pode ser uma microexpressão facial, ou a semelhança inaparente com alguma figura de poder, ou um timbre de voz que nos conforte com base em memórias, ou um vocabulário que evoque um estado de espírito a que secretamente aspiramos. O que quer que seja, é algo transparente, que percebemos sem enxergar bem. Ou seja, algo inconsciente.

Assim como o bombeiro nova-iorquino, eu e você somos dotados de mecanismos alternativos e inconscientes de cognição rápida. Nossa competência em realizar frequentemente supera nossa capacidade de oferecer porquês. O *homo faber* é capaz de trabalhar sozinho. E o *homo sapiens* não é onisciente. Os dois caminham lado a lado, mas nem sempre de mãos dadas. Precisamos nos dar mais crédito e respeitar esse fato. Precisamos parar de inventar histórias.

Questões que envolvem o que chamamos de insight obedecem a um sistema de regras diferente. Nesses casos, pensar — quer dizer, a forma consciente e tradicional de pensar — costuma atrapalhar. Nossa mente intuitiva vai além do cérebro. Mais: parece prescindir dele. Um violonista clássico é capaz de executar de memória peças complexas depois de tê-las aprendido por meio de prática sistemática. Entretanto, se deixar de praticar por muito tempo, terá dificuldades em recuperar inteiramente um solo. Os primeiros acordes sairão desenvoltos, mas a qualquer momento os dedos podem travar, e o resto da música não sairá. Nessa altura, reproduzir mentalmente a melodia e esquadrinhar de modo lógico e analítico o braço da guitarra dificilmente trará de volta as notas esquecidas. A solução encontrada pelos instrumentistas é repetir muitas vezes o trecho já relembrado enquanto deliberadamente procuram tirar sua atenção da música. Ao cessarem o esforço consciente, ao relaxarem e colocarem sua atenção em outro lugar, sem pensar ou exigir explicações, vão recuperando a digitação. Os dedos ganham vida e são eles que se 'lembram'. Mas para que isso aconteça, deve-se neutralizar a mente racional. É preciso trancar a porta e deixar de fora o cérebro.

Contudo, é preciso cautela. Nossa mente inconsciente

pode ter autonomia e vida própria, mas nem sempre acerta. Carece do ambiente cognitivo previamente criado por nossa elaboração consciente. Depende de prévio empenho dirigido, treinamento sistemático, preparação específica, experiência acumulada. Abandonada à própria sorte, sem o contraponto da razão e do conhecimento tradicional, nosso inconsciente tende aos estereótipos mais imediatos. Abre a porta a nossos preconceitos, que silenciosamente passam a ditar nossas escolhas e nossas preferências a partir de premissas equivocadas, levando-nos a decisões que nem mesmo nós entendemos. Sozinha, nossa intuição também falha. Bem decidir exige equilíbrio analítico e emocional.

Na cabine, é comum sentirmos que a informação nos chega de fontes que não somos capazes de identificar. Há coisas de que nos lembramos por esforço consciente de rememoração e analogia. Outras nos são dadas pela chamada memória ecoica, onde o mero som da palavra na língua estrangeira parece desencadear inferências que levam automaticamente à equivalência no outro idioma. Em muitas ocasiões, um simples meneio de cabeça do concabino, um movimento quase imperceptível da boca ou dos olhos, é decodificado em uma frase salvadora, própria e cheia de sentido. A simples leitura despreocupada do programa de um congresso profissional, minutos antes da conferência, ou a despretensiosa visita que fazemos à sessão de pôsteres, parece complementar brilhantemente a preparação da noite anterior. Nossa capacidade de apreensão de conhecimento vai muito além do que podemos explicar. Em certo sentido, havendo necessidade e intenção, aprendemos meio por osmose, extraindo o máximo de conversas e textos fragmentados, em um acúmulo de elementos esparsos que logo serão enfeixados na conferência que se seguirá.

A psicologia conhece bem esse efeito de predispor ou influenciar nossa mente a determinado tipo de conhecimento ou experiência, e pode até induzi-lo. É o chamado *priming*. Assim como a interpretação, parece mágica. Não pode ser verdade. Não tem como funcionar. Pois funciona! Só não sabemos exatamente como. Vale o conselho, então: antes da palestra, a despeito de toda a preparação que já tenha feito, dê uma folheada no programa. Visite os estandes, se houver uma exposição comercial. Converse com os expositores. Faça perguntas, ainda que tolas. Você não está interessado na resposta, mas no recitar de termos técnicos e inusitados que poderão aparecer na palestra, quinze minutos mais tarde. E na volta do cafezinho, faça um desvio pela sessão de pôsteres. Passeie um pouco, com descontração, pelo puro prazer, e não como dever de casa. Os resultados poderão ser surpreendentes.

Nosso inconsciente percebe e manipula muitos sinais imperceptíveis à razão. Esgueira-se por baixo das aparências e reduz um quadro complexo a unidades minimamente significativas, às mais finas fatias do todo, aproximando-se tanto quanto possível da assinatura básica, do DNA, por assim dizer, de uma situação. E nos traz as informações codificadas em impulsos quase instintivos à ação. Na cabine de interpretação, isso pode assumir várias formas: uma sensação de estranhamento, um inusitado conforto com a palestra e o palestrante, um *rapport* quase telepático com a colega de cabine, aquela sensação gostosa de estarmos lendo a mente do conferencista, por vezes até percebendo que poderíamos nos antecipar a ele. É quando nos damos a liberdade de fugir à literalidade do discurso, de recompor ideias a partir de nosso próprio repertório vocabular. É quando passamos de fato a interpretar, com espontaneidade e correção, graças ao entendimento surpreendentemente completo — e outra vez inexplicável — de um tema até então vedado a não iniciados.

Temos essa competência, de ler nos gestos, de traçar relações firmes a partir do insólito, de intuir a intenção por trás de um discurso, de concluir um pensamento com base mais no sentimento que inspira do que nas palavras que o configuram. Basta pensar sem pensar. Basta alternar equilibradamente entre a mente racional e essa parte misteriosa de nós, que tira leite de pedras como quem abre uma torneira, que intui soberanamente, que chega a acertar até quando hesita. Temos essa capacidade. Sabemos fazer. Só não sabemos por quê.

"As pessoas ignoram o que de fato influencia suas ações, mas raramente se dão conta dessa ignorância", nos lembra Joshua Aronson, um dos pesquisadores citados em Blink. Devo concordar. Como é, afinal, que nós, intérpretes, fazemos o que fazemos? Empiricamente, acumulo vários indícios, que procurei apresentar neste livro, mas talvez tenha logrado pouco mais que inventar histórias.

No afã de responder à amável senhora com quem dividi um prato de quitutes naquela tarde distante, enfiei várias chaves pela fechadura. A porta, contudo, permanece trancada. Resta-me aceitar o conselho de Aronson e reconhecer que a resposta mais honesta à pergunta de minha interlocutora talvez continue sendo, simplesmente:

— Eu não sei.

O Que Realmente Importa

Q UANDO ME PROPUS a escrever este livro, imaginava concluí-lo em pouco mais de 15 dias. Se demorasse muito, levaria um mês. Ledo engano! Três anos depois, aqui estou eu, ainda em busca de um ponto final.

Achei que havia esgotado o que de mais importante havia a dizer e jurei que a página em branco que tenho diante de mim seria a última. Mas relendo o que escrevi até aqui, percebi que falta uma coisa. Sempre falta alguma coisa.

É que grande parte de minha atenção centrou-se sobre o que deve ser evitado, sobre os mitos que é preciso desfazer, sobre as armadilhas que devemos driblar em nossa trajetória como intérpretes ou aspirantes a intérprete. Percebi que ficou faltando um apanhado sobre o que há de bom em tudo isso, afinal, e sobre o que realmente interessa a alguém que queira se tornar intérprete. Decidi então abrir espaço e dedicar mais algumas páginas a esse importante resumo.

Quero começar reiterando que a interpretação simultânea é uma habilidade treinável. Você, eu e qualquer pessoa motivada temos, potencialmente, chance de nos tornar excepcionais intérpretes. Não acredite em quem lhe disser o contrário. Mas, como qualquer outra coisa na vida, sua carreira não sairá de graça. O caminho é longo e exigirá o trabalho e a determinação de um alpinista.

Disse e insinuei várias vezes que é vil e competitivo o mundo dos intérpretes. Pode acreditar que não exagero. Mas também faço questão de enfatizar o quanto pode ser fascinante esse mundo. Tudo vai depender de sua postura e de sua capacidade de dar real importância e medida ao que interessa e de pairar acima daquilo que não tem valor.

A subida da montanha lhe dará oportunidade de refletir sobre os prós e os contras e colocar tudo na balança. Você terá tempo para pensar. Mas lembre-se de que chegar ao cume do monte é apenas parte do desafio. Lembre-se, também, de que para valer a pena, a subida tem que ser divertida, por mais que seja árdua. Quem decidir voltar antes do topo terá minha compreensão e simpatia. Quem perseverar até o cume, ou morrer tentando, terá meu respeito. Quem compreender que o topo é só a metade do caminho e que descer com vida é tão importante quanto subir, terá minha admiração. Terá conquistado o pico e transformado a si mesmo no processo. Terá aprendido que a vida continua depois da montanha. Terá aprendido a pedir e dar ajuda. Terá sido carregado e terá resgatado algum colega que ameaçava ficar pelo caminho. Vai compreender, por fim, que escalar um monte não é algo que se possa fazer sozinho, por maior que imaginemos ser a nossa suficiência. Vai entender que é a escalada, e não a conquista do topo, que nos define.

Não me pergunte a que altura fica o pico. Ele varia conforme suas expectativas. O meu Everest é um, o seu certamente será outro. Não se paute pela experiência dos outros. Quando chegar lá em cima, você saberá. E sua montanha será tão alta quanto qualquer outra. Curta o visual enquanto dispuser de oxigênio, mas não se deixe inebriar. Guarde uma reserva para a descida e faça o possível para voltar com os dedos dos pés e das mãos intactos. Afinal, você vai querer subir e descer muitas vezes.

Para o êxito de suas expedições, coloque em sua mochila, o mais cedo que puder, suas duas línguas de trabalho. Esses são itens imprescindíveis, cuja qualidade deve ser a mais alta possível. São seu combustível, suas ferramentas de trabalho. Você terá que investir pesado. Ser absolutamente bilíngue, nos termos definidos neste livro, não é essencial a um intérprete, como procurei demonstrar. Pode até atrapalhar, a depender de suas expectativas quanto a seu próprio desempenho. Mas o domínio absoluto de seu próprio idioma (sua língua materna) e o conhecimento profundo de uma língua estrangeira são absolutamente fundamentais. Seu controle emocional e sua capacidade de empregar com sucesso as táticas de sobrevivência que houver aprendido podem salvá-lo em momentos de maior tensão, mas só o conduzirão até certo ponto do caminho. São recursos para uso emergencial, apenas. Servem para nos socorrer e nos lembrar de que não somos perfeitos. Pense neles como aquela apólice de seguro que você paga e espera nunca precisar usar. Não podem tornar-se a norma.

Faça o dever de casa. Estude com garra, viaje ao exterior quantas vezes puder, pratique o mais que der. Não há bom intérprete que não domine pelo menos duas línguas. No futuro, você poderá incluir outras, as chamadas línguas passivas, ou seja, línguas a partir das quais você é capaz de interpretar. Isso não fará de você um intérprete necessariamente mais competente, mas aumentará sua segurança e sua empregabilidade, na medida em que o torna mais versátil. Além disso, vai ajudá-lo a livrar-se do relé, eliminando assim sua dependência do trabalho de outros colegas e do risco do chamado efeito dominó.

Carregue também toda a informação que puder. Esse é outro item caro, mas tem a vantagem de ser leve. Leia muito, leia de tudo, de bula de remédio a tratados de filosofia, passando por mapas e histórias em quadrinhos. De sua capacidade de apreender e processar informação depende sua sobrevivência, aqui ou no Himalaia. Seja eclético. Informe-se sem preconceitos. Entenda que sua capacidade de leitura deve ir além dos livros. Aprenda a ler os gestos, a entonação da voz de seus companheiros de expedição. Vá além das línguas. "Quem não compreende um olhar tampouco compreenderá uma longa explicação", lembra-nos o poeta Mário Quintana. Aprenda a interpretar fatores externos e ambientais, elementos verbais e não verbais apreensíveis pelos cinco sentidos. O bom alpinista sabe prever o tempo pela mera observação das nuvens. O bom intérprete precisa desenvolver capacidade equivalente e agir preventivamente. Uma dica é valer-se de todos os implementos necessários a essa leitura da realidade. Sua bagagem deve incluir sempre uma boa lanterna portátil e um par de binóculos. Atenção! Aqui a analogia com o montanhismo é literal: lanterna e binóculos são itens muito úteis em uma cabine de interpretação. Nosso habitáculo profissional, além de ser escuro, geralmente está colocado no ponto mais distante da sala. Você vai querer estar pronto quando for preciso ler aquelas letrinhas miúdas no dicionário ou as expressões matemáticas projetadas na tela que ficou lá longe.

Trabalhe, além da força, também sua flexibilidade. Exercite seus músculos, mas também suas articulações. Cada trecho da montanha exige uma competência. Cada evento ou conferência requer uma habilidade e um conhecimento específico. Um bom alpinista está apto a transitar por diferentes terrenos; um bom intérprete, por diversas áreas do conhecimento. Por isso mesmo, a busca por conteúdo deve ser objeto da mesma dedicação que se emprega no desenvolvimento das línguas. Contudo, tão importante quanto a cultura histórica e científica, o conhecimento clássico ou formal, é a contemporaneidade da informação. Os congressos, as conferências científicas e seminários têm por foco o presente e o futuro, nunca o passado. Podem até firmar alavanca em algum ponto de apoio histórico, mas estarão sempre tentando encontrar respostas para uma pergunta atual ou do porvir. Assim, informe-se, em todos os níveis. Novamente, será preciso deixar de lado seus preconceitos. Assim como o montanhista não tem como determinar as condições climáticas, o intérprete nunca escolhe o assunto. Tudo o que pode fazer é preparar-se, tão bem quanto possa, para o imponderável.

Mas além de preparação e das disciplinas físicas e psicológicas que já conhecemos, escalar uma montanha requer absoluto domínio da arte de comunicar. Aqui a analogia continua valendo. O sucesso na interpretação dependerá absurdamente dessa competência. Tão absurdamente que vale repetir: mais importante que sua capacidade de recitar sem hesitação sequências de palavras sem fim será sua habilidade em transmitir, ainda que economicamente, os sentimentos, as ideias e as emoções de um orador. Em um artigo intitulado *The Tribulations of a Chief Interpreter,* no qual aborda as virtudes de um intérprete autônomo, Sergio Viaggio, intérprete sênior e que, como eu, foi recrutador de intérpretes na ONU, resume em três as características que busca em seus colaboradores: qualidade, versatilidade e profissionalismo.

Quanto à qualidade, lembra que o conceito deve ir além do mero aspecto linguístico. "Muitos intérpretes têm absoluto domínio de suas línguas de trabalho, não perdem nada e nem cometem erros significativos. Ainda assim deixam de produzir uma interpretação totalmente satisfatória. Seu principal problema é a excessiva obsessão com as palavras", afirma Viaggio. Para Viaggio, esse tipo de intérprete pode ser facilmente identificado: fala demais, rápido demais ou em tom excessivamente monocórdio.

"Prefiro os profissionais que tendem a falar menos e a dizer o que realmente interessa, de modo idiomático, com elegância, precisão, entonação natural e equilíbrio", confessa. E complementa: "Tenho dificuldade com colegas que soam entediados ou entediantes, ou cuja tradução sai sem fluidez. Pouco param para respirar e o fazem sempre na hora errada (...) Quero que meus intérpretes sejam exímios comunicadores".

Quanto ao profissionalismo, Viaggio elenca alguns itens óbvios que já reiteramos aqui: pontualidade, higiene pessoal sem excessos, presença constante em cabine, cuidadosa preparação e coleguismo, sobretudo ao trabalhar com iniciantes. Honestidade e simpatia são dois outros atributos que considera importantes, e nisso concordamos plenamente. "Se o intérprete não entendeu alguma coisa ou se está inseguro quanto a uma passagem que lhe parece relevante, eu quero que ele o confesse ao microfone e deixe à plateia a opção de pedir ao palestrante que repita", esclarece. Por fim, será importante que o colega tenha a sensibilidade de sondar o público, adaptando seu estilo de interpretação à necessidade dos ouvintes, comunicando-se ora com mais literalidade, ora com mais flexibilidade, e sempre com a máxima simpatia que lhe seja possível. Eis o que interessa. Trate de ouvir o conselho de quem passou a vida contratando intérpretes.

O resto você já sabe. Muna-se de autoconfiança e parta para o ataque ao cume, sem perder a humildade. Certifique-se de estar levando seus atributos mais importantes, sua alegria, seu talento único de comunicação, os aspectos que determinam sua singularidade e que jamais poderão ser copiados. Dê o primeiro passo e comece a subida. Se chegou até aqui, é porque está pronto. Você não caminha sozinho. Certamente cruzará com outros exploradores. Ajude a quantos puder, colha o que tiverem de melhor. Tudo o mais procure deixar pelo caminho. A escalada já é árdua o bastante sem que você carregue as pedras roladas pelos outros. Esvazie sua mochila e sua alma de tudo que não seja essencial.

PERGUNTE A UM ALPINISTA por que ele escala um monte e ele lhe dará a resposta clássica: "Porque ele está lá!". Não saberá oferecer nenhuma outra grande razão. Escalar uma montanha é algo que pode nos dar um sentido de propósito, de utilidade e compromisso. Também é algo que podemos fazer simplesmente pela vaidade de provar algo a nós mesmos, a qualquer custo, sem grande consideração pelos outros. Há várias razões para escalar uma montanha e nem todas nos engrandecem. Subi um bom pedaço da colina pelas razões erradas. Mas sempre é hora de voltar atrás, descer ao acampamento-base e reavaliar a expedição. Fiz exatamente isso. Foi um recuo estratégico. Uma pausa importante. Entre alpinistas, a prudência é tão celebrada quanto a ousadia. Alpinista bom é alpinista vivo. Chegar ao pico é o mais fácil. O grande desafio é sobreviver.

Continuo subindo a minha montanha 'porque ela está lá', mas agora muito mais pelo prazer da escalada do que pelo cume em si. Aprendi a buscar o aprendizado da experiência pela experiência. Isso tornou tudo muito mais divertido.

Sugiro que você faça o mesmo. Suba sem pressa, parando de vez em quando para apreciar a paisagem e reverenciar a opulência das rochas e abismos que encontrará pelo caminho. Ao fim, cuide de resgatar e guardar consigo um profundo senso de gratidão pela experiência e pelas oportunidades que a vida lhe dá.

De tudo, isso talvez seja a única coisa que realmente importa.

ANEXOS

Mais Agradecimentos

As PESSOAS ABAIXO foram fundamentais para que a primeira edição desta obra viesse à luz, em 2007. Não poderia concluir esta versão ampliada sem citá-las nominalmente outra vez:

Alan Costa Jr., Alessandra Pires, Andréia Custódio, Anja Kamp, Ayrton Farias, Bocauyva Cunha, Celso Aquino, Consuelo Magalhães, David Haxton Jr., Débora Diniz, Eduardo Godoy, Fernando Ribeiro, Flávio Sombra Saraiva, Henrique Cavadas, Homero Santos, John Keifer, Jorge Lara, José Carlos Ayres, José Ignácio Mendes, Maria Helena Fleury, Laura Bacelar, Maguy Bodinaud, Marcos Marcionilo, Marisa Moura, Moisés Tavares, Mozart Vianna, Regina Marques, Rita Ávila, Ronaldo Paixão, Simone Modolo, Ted Gaebler e William Day.

Este livro é resultado de seus conselhos, sua orientação, seu incentivo ou, em alguns casos, sua silenciosa amizade. Algumas delas já não estão entre nós, mas na minha memória viverão por muito anos ainda.

Muito obrigado a cada um de vocês.

GLOSSÁRIO

AIIC – Association Internationale des Interprètes de Conférence

Associação Internacional de Intérpretes de Conferência, com sede em Genebra, Suíça.

Benchmark

Padrão de referência comparativo.

Bidule

Nome dado, na Europa, ao equipamento móvel de interpretação. Ver *Tour Guide System.*

Chuchotage

Designação, em francês, da interpretação simultânea feita sem equipamentos. Ver *Sussurrada*

Classificação linguística

Indicação da competência linguística de um intérprete, conforme os critérios a seguir:

> **Língua A.** Corresponde à língua nativa do intérprete (ou outra língua equivalente a sua língua nativa) para a qual este traduz ou intérpreta a partir de outras línguas de trabalho.

> **Língua B.** Corresponde a uma língua estrangeira, que não seja a língua nativa do intérprete, mas da qual este tenha perfeito domínio e para a qual se sinta apto a interpreter ou traduzir sem restrições a partir de outras línguas de trabalho.

Língua C. Corresponde a uma língua estrangeira passiva, da qual o intérprete tenha plena compreensão e a partir da qual se sinta apto a interpreter ou traduzir para outro idioma ativo, seja A ou B.

Línguas A e B correspondem a línguas ativas. Línguas C correspondem a línguas passivas.

Concabino

Termo usado na gíria da interpretação simultânea para designar o colega de cabine.

Consecutiva (tradução ou interpretação)

Técnica de interpretação em que o palestrante ou orador faz pequenas pausas a cada trecho de sua exposição para dar tempo ao intérprete de fazer a tradução. É bastante cansativa, tanto para os intérpretes quanto para os participantes, além de consumir quase o dobro do tempo.

Central de intérpretes

Ver *Console de Intérpretes*

Console de intérpretes (CI)

Equipamento eletrônico instalado nas cabines de interpretação. Permite a seleção de canal de áudio, ajustes de som a habilitação alternada de microfones.

Cockpit

Termo inglês para designar a cabine de comando dos aviões.

Degravação

Consiste na transcrição em texto do áudio de uma conferência ou reunião. Esse serviço é utilizado com frequência para o registro de debates e anais de conferências e seminários quando não há serviço de taquigrafia à disposição.

Escort interpreter

Ver *Intérprete acompanhante*

Interpretação

Ato de interpretar ou traduzir. Diz-se, também, do resultado de tal ato.

Interpretação consecutiva

Ver *Consecutiva*

Interpretação simultânea

Ver *Simultânea*

Intérprete

Agente ou professional da interpretação.

Intérprete acompanhante

Intérprete designado para acompanhar uma autoridade estrangeira a reuniões, entrevistas ou outro compromisso, a fim de auxiliar na comunicação verbal. Fará a interpretação conforme o formato e o protocolo de cada evento.

Intérprete de conferência

Intérprete designado para conferências internacionais Fará a interpretação simultânea, em cabine, ou consecutiva.

Intérprete ativo

Diz-se do intérprete durante a fase ativa de trabalho em cabine.

Intérprete passivo

Diz-se do intérprete que está aparentemente inativo na cabine durante o turno de trabalho de seu colega. Diferentemente do que se imagina, ainda que não esteja interpretando ativamente, o intérprete não descansa durante a fase passiva de trabalho. Está ocupado no suporte ao colega, devendo manter-se atento de modo a prever, prevenir e se possível corrigir eventuais equívocos de entendimento ou tradução.

Interpretação Simultânea Remota

Nome dado ao sistema que permite a um intérprete ou grupo de intérpretes realizar a interpretação de uma palestra ou conferência a distância, ou seja, sem a presença física no mesmo recinto onde se desenrola o evento.

Língua ativa

Língua para a qual se interpreta, a partir de outros idiomas. Ver *Classificação Linguística* (Línguas A ou B).

Língua de chegada

Ver *Língua meta*

Língua-fonte

Diz-se da língua a partir da qual se traduz ou interpreta.

Língua-meta

Diz-se da língua para a qual se traduz ou interpreta.

Língua de partida

Ver *Língua-fonte*

Língua passiva

Língua a partir da qual o intérprete é capaz de interpretar. Ver *Classificação Linguística* (Língua C).

Nuremberg

Referência aos julgamentos de Nuremberg, de 1945, em que foram levados ao banco dos réus os oficiais nazistas acusados de crimes de guerra.

PowerPoint

Software usado para apresentações. Refere-se também às próprias apresentações geradas por esse software.

Relais

Ver *Relé*

Relay

Ver *Relé*

Relé

Sistema de interpretação indireto, usado em situações que envolvam três ou mais idiomas e nas quais um intérprete recorre à tradução feita por um colega de outra cabine, caso não tenha compreensão da língua em que se expressa um dos oradores. Apesar de usado com frequência, o relé incorpora o risco de que um erro eventualmente cometido por um dos intérpretes se espalhe por outras cabines.

RSI

Do inglês *Remote Simultaneous Interpretation*. A sigla designa a Interpretação Simultânea Remota (ver acima).

Rufino

Intelectual e tradutor da Idade Média. Nascido em 345 na região da Aquileia (Itália). Contemporâneo de Jerônimo, de quem foi amigo e, depois, adversário. Morto em 410.

São Jerônimo

Um dos maiores intelectuais da Idade Média. Nascido na Dalmácia no ano de 347, sob o nome de Eusebius Hieronymus Sophronius. Autor da tradução latina da Bíblia para o latim (Vulgata). Considerado o santo padroeiro dos tradutores e bibliotecários, celebrado anualmente em 30 de setembro. Morto em 420.

Sight translation

Tradução instantaneamente produzida a partir da leitura de um texto escrito. O intérprete vai lendo e traduzindo automaticamente na língua-meta.

Simultânea (tradução ou interpretação)

É a tradução feita oral e imediatamente, durante uma apresentação ou palestra. Os intérpretes, trabalhando sempre em dupla, isolam-se numa cabine de onde podem ver o palestrante e ouvir a palestra com a ajuda de fones de ouvido. À medida que vão ouvindo, os intérpretes, cada qual a seu turno, vão repetindo a mensagem imediatamente, só que em outra língua.

Sussurrada (tradução ou interpretação)

Diz-se tradução simultânea feita sem equipamento, em que o intérprete sussurra sua versão a um número pequeno de pessoas de quem está próximo.

Tour Guide System

Equipamento eletrônico composto de transmissores móveis de radiofrequência e receptores sem fio, para a condução de visitas guiadas, com ou sem tradução, e a interpretação de pequenas reuniões.

Transcrição

Ver *Degravação*

Whispering

Ver *Sussurrada*

DICAS PARA PALESTRANTES

Há ALGUNS ANOS, com a especial ajuda da Professora Débora Diniz, conferencista renomada, elaborei um documento com recomendações úteis para palestrantes que se apresentam com interpretação simultânea. Essa lista tem produzido efeitos bastante positivos.

Para os mais experientes, algumas sugestões paracerão óbvias, mas a prática tem demonstrado que há sempre algo útil, mesmo para os mais tarimbados.

Decidi incluir estas dicas aqui, por entender que ajudam a reforçar aspectos importantes apresentados neste livro. Esteja à vontade para usá-las, com esta ou outra redação, caso necessário, na preparação de seus eventos, agora ou no futuro.

Caro conferencista,

Sua palestra terá interpretação simultânea para maior proveito dos colegas que não têm fluência em seu idioma. O trabalho dos intérpretes será decisivo no êxito de sua apresentação. E a qualidade da tradução será grandemente aumentada se você se dispuser a seguir as orientações abaixo.

Não se esqueça de que as recomendações a seguir são meros lembretes. Implemente apenas aquilo que lhe seja possível, sem comprometer sua naturalidade.

Antes da apresentação

- *Informe-se sobre quem estará encarregado da interpretação de suas palestras. Envie à equipe designada cópias de arquivos ou informações relevantes (transparências, textos, citações etc.)*

- *Divulgue seus dados de contato e coloque-se à disposição para consultas.*
- *Evite o uso excessivo de siglas e abreviaturas.*
- *Identifique termos que podem ou devem ser mantidos na língua original.*
- *Use elementos gráficos e fontes que deem boa leitura para alguém que se coloque ao fundo da sala (é exatamente aí que os intérpretes costumam ficar).*
- *Imprima e traga consigo cópias de sua apresentação e seu currículo.*

No dia da apresentação

- *Encontre-se com os intérpretes em horário de sua conveniência e dê a eles um pequeno resumo de sua apresentação.*
- *Procure resumir em poucas palavras o objetivo geral de sua palestra e as conclusões a que pretende chegar.*
- *Deixe com os intérpretes qualquer material impresso que pretenda ler durante a palestra. Isso é particularmente importante no caso de citações literárias.*
- *Repasse com eles, rapidamente, qualquer vídeo que pretenda usar.*
- *Comente com eles eventuais piadas que pretenda contar. Algumas podem ser intraduzíveis. Os intérpretes o ajudarão a adaptar o que for necessário e o orientarão sobre o que deve ser evitado.*

Durante a apresentação

- *Fale de modo audível e claro. Procure manter eventual contato visual com os intérpretes.*
- *Deixe cada slide na tela por um segundo a mais. Isso dará tempo aos intérpretes de concluir a leitura.*

- *Acostume-se a esperar um pouco além do normal pelas respostas da plateia. Algumas pessoas reagirão primeiro que outras por não estarem usando a tradução.*

- *Fale sempre ao microfone, mesmo para se dirigir a uma pessoa específica da plateia. Essa pessoa pode estar recorrendo à tradução e só ouvirá o que você lhe diz por intermédio dos intérpretes.*

- *Não se dê ao trabalho de repetir as perguntas que lhe forem dirigidas pelo público. Os intérpretes já terão feito isso por você.*

- *Desligue o microfone de lapela durante os intervalos ou caso se ausente da sala, sobretudo se pretende ir ao toalete.*

Depois da apresentação

- *Dê suas impressões gerais sobre o trabalho dos intérpretes. Lembre-se: os mesmos intérpretes poderão acompanhá-lo em outra palestra.*

- *Peça as impressões de seus intérpretes sobre sua apresentação. Veja o que é possível melhorar de uma próxima vez.*

- *Dê seu depoimento sobre a qualidade do trabalho. Uma avaliação negativa ajudará os intérpretes a trabalharem suas deficiências. Um encorajamento os motivará a continuar trabalhando bem.*

Os intérpretes — e a plateia — agradecem sua cooperação.

BIBLIOGRAFIA E LEITURA
RECOMENDADA

ARANHA, Maria Lúcia A. e MARTINS, Maria Helena P. (1993). *Filosofando: Introdução à Filosofia,* São Paulo: Editora Moderna.

BACELAR, Laura. (2002). *Escreva seu Livro.* São Paulo: Editora Mercuryo.

BERGREEN, Laurence. (2004). *Além do fim do Mundo. A Aterradora circunavegação de Fernão de Magalhães.* Rio de Janeiro: Editora Objetiva.

BERLITZ, Charles. (1982). *As línguas do mundo.* Tradução de Heloísa Gonçalves Barbosa. Rio de Janeiro: Editora Nova Fronteira.

BLACKBURN, Simon. (1997). *Dicionário Oxford de Filosofia,* Tradução de Desidério Murcho. Rio de Janeiro: Jorge Zahar Editor.

CAMPOS, Geir. (1986). *O que é tradução?* São Paulo: Editora Brasiliense.

CARPINETTI, Luis Carlos L. (2003). *O Aspecto Polêmico da Apologia de Jerônimo Contra Rufino.* Tese de Doutorado. São Paulo: Faculdade de Filosofia, Letras e Ciências Humanas. Universidade de São Paulo.

DAHOUI, Albert Paul. (2005). *O Sucesso de Escrever* (versão eletrônica). São Paulo: Editora Corifeu.

DELISLE, Jean e WOODSWORTH, Judith (orgs.). (2005). *Translators in History.* Amsterdã: John Benjamins-UNESCO Publishing.

DOLLERUP, Cay e LODDEGAARD, Anne (orgs.).

(1992). *Teaching Translation and Interpreting: Training Talent and Experience*. Articles from the First International Conference on Languages in Elsinore, Denmark, 1991. Amsterdã: John Benjamins.

GAIBA, Francesca. (1998). *The Origins of Simultaneous Interpretation: The Nuremberg Trial*. Ottawa: University of Ottawa Press.

GAMBIER, Yves, GILE, Daniel e TAYLOR, Christopher (orgs.). (1997). *Conference Interpreting: Current Trends in Research*: Proceedings of the International Conference on Interpreting: What Do We Know and How? Amsterdã: John Benjamins.

GILE, Daniel. (1995). *Basic Concepts and Models for Interpreter and Translator Training*. Amsterdã: John Benjamins.

GLADWELL, Malcolm. (2003). *Blink. A Decisão Num Piscar de Olhos.* São Paulo: Editora Sextante.

GRICE, Paul H. (1989). *Studies in the Way of Words*. Cambridge: Harvard University Press.

HACKMAN, J R. (1992). *Rethinking Crew Resource Management;* em: *Airline Pilots*; Partes I-III.

KRAKAUER, Jon. (1998). *Into Thin Air: A personal account of the Mount Everest disaster*. New York: Random House, Inc.

LYNCH, Dudley e KORDIS, Paul. (1990). *The Strategy of the Dolphin*. New York: Random House Publishing Group.

MAGALHAES, Ewandro. (2007). *The Language Game: Inspiration and Insight for Interpreters*. New York:

Magellanic Press.

OAKLEY, Kenneth P. (1961). *Man, The Toolmaker*. London: Jarrolds and Sons.

ORWELL, George. (1949). *1984*. Londres: Secker and Warburg.

PERSICO, Joseph E. (1995). *Nuremberg: Infamy on Trial*. New York, Penguin Books.

PINKER, Steven. (1995). *The Language Instinct. How the Mind Creates Language*. New York: HarperPerennial Edition.

ROCHA, Everardo. (1985). *O que é Mito*. São Paulo: Editora Brasiliense.

SÁNCHEZ, Vasquez A. (1998). *Ética*. Tradução de João Dell'Anna. Rio de Janeiro: Editora Civilização Brasileira.

SETTON, Robin e DAWRANT, Andrew. (2016). *Conference Interpreting. A trainer's guide*. Amsterdã: John Benjamins.

SETTON, Robin e DAWRANT, Andrew. (2016). *Conference Interpreting. A complete course*. Amsterdã: John Benjamins.

SONTAG, Susan. (2003). *O evangelho hegemônico da tradução*. Tradução de Bluma Waddington Vilar. Extraído de https://folha.com.br.

St. JEROME (395). *Letter to Pammachius, on the best method of translating*. Letter 57. Extraído de http://newadvent.org.

CHI-TING, Chuang e KEARNS, Patrick. (2001). *Communication Error Behind Crash.* Extraído de https://taipeitimes.com.

TUSA, Ann e TUSA, John. (2003). *The Nuremberg Trials.* Natl. Book Network.

VARGAS LLOSA, Mario. (2006). *Travessuras da Menina Má.* Tradução de Paulina Wacht e Ari Roitman. São Paulo: Companhia das Letras.

VIAGGIO, Sergio. *The Tribulations of a Chief Interpreter.* Extraído de https://aiic.net.

VIANNA, Branca. *Teoria da relevância e interpretação.* Extraído de https://aiic.net.

WYLER, Lia. (2003). *Línguas, Poetas e Bacharéis. Uma crônica da tradução no Brasil.* Rio de Janeiro: Rocco.

SOBRE O AUTOR

EWANDRO MAGALHÃES é intérprete de conferências credenciado junto ao Departamento de Estado americano, o Banco Mundial, o FMI, a OEA a OPAS entre outras organizações multilaterais. Tem Mestrado em Interpretação de Conferências pelo Middlebury Institute of International Studies at Monterey (MIIS).

Ewandro é instrutor e palestrante internacional TEDx e autor de dois vídeos educativos virais para a TED-Ed.

De 2010 a 2017, ocupou o cargo de Chefe-Intérprete na UIT, agência especializada das Nações Unidas em Genebra.

Ewandro atua também como coach profissional para intérpretes, aos quais atende por meio de cursos presenciais e virtuais bem como sessões individuais de orientação. Para saber mais ou agendar uma consulta, visite: www.ewandro.com/coach

Mineiro de Belo Horizonte, vive atualmente em Nova York com sua família e Freddie, um cãozinho Yorkie que os acompanha mundo afora.

Printed in Great Britain
by Amazon